CĂPȘUNI: 100 DE REȚETE DOVEDITE

Explorați lumea dulce și suculentă a căpșunilor cu 100 de mâncăruri aromate

DIANA TOMULESCU

Material cu drepturi de autor ©2024

Toate drepturile rezervate

Nicio parte a acestei cărți nu poate fi utilizată sau transmisă sub nicio formă sau prin orice mijloc fără acordul scris corespunzător al editorului și al proprietarului drepturilor de autor, cu excepția citatelor scurte utilizate într-o recenzie. Această carte nu trebuie considerată un substitut pentru sfaturi medicale, juridice sau alte sfaturi profesionale.

CUPRINS

CUPRINS 3
INTRODUCERE 6
MIC DEJUN 7
   1. Blender Briose Mochi cu Capsuni 8
   2. Crêpe de căpșuni s 11
   3. Clatite umplute cu ciocolata si capsuni 13
   4. Ovăz copt cu căpșuni de nucă de cocos 15
   5. Banoffee Waffle 17
   6. Crepe cu flori de soc de căpșuni 19
   7. Cheesecake cu căpșuni Ovăz copt 21
   8. Croissant cu covrigi umplut cu cireșe 23
   9. Clatite Rosé cu Capsuni 25
  10. Vafe cu sirop de trandafiri, căpșuni și cremă fragedă ...27
  11. Scones cu căpșuni și arțar 29
  12. Impletitura Brioche De Capsuni Crema De Branza 31
  13. Brioșă englezească umplută cu căpșuni 33
  14. Croissant cu covrigei umplut cu capsuni si cirese 35
GUSTĂRI ȘI APERITIVE 37
  15. Orez cu căpșuni Krispie Oreo 38
  16. Cheesecake cu căpșuni, orez Krispies 40
  17. Tartele Pop umplute cu gem de capsuni 43
  18. Tarte cu crema de branza cu capsuni 45
  19. Batoane cu brânză de vaci cu căpșuni 48
  20. Cremă de căpșuni și mango 50
  21. Cruffine cu Capsuni 54
  22. Pătrate de prăjitură cu iaurt cu căpșuni 56
  23. Căpșuni umplute 58
  24. Căpșuni umplute cu Nutella 60
  25. Căpșuni acoperite cu ciocolată 62
  26. Căpșuni roșii, albe și albastre 64
  27. Căpșuni Cinco De Mayo 66
  28. Căpșuni de Moș Crăciun 68
  29. Pătrate din șifon cu căpșuni 70
  30. Căpșuni umplute S'Mores 72
  31. Cheesecake Churros cu căpșuni 74
  32. Enchiladas cu crema de branza cu capsuni 76
  33. Kabobs cu banane cu căpșuni Godiva 78
  34. Rulouri de primăvară cu fructe amestecate cu sos de căpșuni ...80
  35. Rule de primăvară cu dip de limonada de căpșuni ...83
  36. Napolitane cu iaurt congelat cu capsuni 86

37. Tuiles de căpșuni 90
38. Lunchbox Dip cu iaurt cu capsuni 93
39. Tempura de căpșuni 95
40. Cheesecake Nachos cu căpșuni 97

FORM PRINCIPAL 99
41. Salata De Capsuni Pepperoni Si Spanac 100
42. Salata roz de petrecere 102
43. Bol pentru sushi cu fructe cu căpșuni și mentă 104
44. Căpșuni Busuioc Prosciutto Brânză la grătar 106
45. Pâine prăjită cu căpșuni și cremă de brânză 108
46. Salata De Sparanghel Si Capsuni 111
47. Salata Ravioli De Capsuni Si Spanac 113

DESERT 115
48. Macarons cu glazură în oglindă cu căpșuni 116
49. Lamington cu căpșuni 120
50. Sufleu de căpșuni 122
51. Biscuiți cu căpșuni înmuiați în ciocolată 124
52. Panna Cotta de flori de soc cu căpșuni 127
53. Trandafir Strawberry Lamington 130
54. Tort cu capsuni si flori de soc 133
55. Skittles Prăjitură de brânză cu căpșuni 136
56. Biscuiți cu unt și căpșuni 138
57. Tort Tres Leches Crunch cu Capsuni 140
58. Flan de cheesecake cu căpșuni 142
59. Tort fără coacere cu limonada cu căpșuni 144
60. Tartalete cu capsuni fara coacere 146
61. Lasagna Shortcake cu Capsuni 148
62. Popsicles Cheesecake cu căpșuni 150
63. Mooncake cu căpșuni și cremă 152
64. Ghivece de căpșuni acoperite cu ciocolată 155
65. Prăjitură cu căpșuni și trandafir 158
66. Rula de tort cu capsuni 160
67. Tort Bundt Cheese Lime Strawberry Cheesecake 163
68. Prăjitură de șifon cu căpșuni 166
69. Parfaituri de cheesecake cu șifon și căpșuni 169
70. Capsuni Si Crema Éclairs 172
71. Galete de trandafir cu rubarbă și fistic cu căpșuni 175
72. Posset de căpșuni de mentă 179
73. Biscuiți cu amestec de prăjitură cu căpșuni umpluți cu cheesecake 181
74. Godiva Strawberry Torte 184
75. Mini Plăcinte De Căpșuni Cu Cremă De Lavandă 186
76. Bavarois glazurat în oglindă cu căpșuni 189
77. Capsuni Fistic Mille-Feuillantines 192

78. Fleac de căpșuni băutură 195
79. Căpșuni Rubarbă Cobbler 197
80. Crisp cu Rubarbă și Căpșuni 199
81. Pizza de desert cu capsuni Biscoff 201
82. Macaron cu căpșuni 204
83. Sorbet cu șampanie cu căpșuni 207
84. Ferrero Rocher Strawberry Charlotte 209
85. Float cu Hibiscus Strawberry Margarita 211

CONDIMENTE 213
86. Gem de căpșuni 214
87. Dulceata de lavanda de capsuni 216
88. Glazură de Căpșuni 218
89. de rubarbă, trandafir și căpșuni 220

BĂUTURI 222
90. Skittles Strawberry Milkshake 223
91. Spritzer Rosé Açaí cu Căpșuni 226
92. Lassi de căpșuni 228
93. de Căpșuni și marshmallow 230
94. Smoothie cu capsuni, banane, alune 232
95. Spritzer cu limonadă de căpșuni 234
96. Smoothie cu capsuni si fistic 236
97. Lapte de Căpșuni Dalgona 238
98. Mimoza cu capsuni spumante 240
99. Mic dejun Berry Banana Milkshake 242
100. Smoothie cu mentă și căpșuni 244

CONCLUZIE 246

INTRODUCERE

Bine ați venit la „Căpșuni: 100 de rețete încercate și adevărate". Căpșunile, cu culoarea lor vibrantă, aroma dulce și textura suculentă, sunt un fruct îndrăgit de care se bucură oamenii de toate vârstele. În această carte de bucate, vă invităm să explorați lumea dulce și suculentă a căpșunilor cu o colecție curată de 100 de preparate aromate care sărbătoresc acest fruct încântător în toată gloria lui.

Căpșunile sunt mai mult decât o gustare gustoasă; sunt un ingredient versatil care poate fi folosit într-o mare varietate de feluri de mâncare, de la dulce la sărate și toate celelalte. În această carte de bucate, vă vom prezenta numeroasele moduri în care puteți încorpora căpșunile în gătit, de la deserturi clasice, cum ar fi prăjitura cu căpșuni și plăcinta cu căpșuni, până la salate inovatoare, sosuri și mâncăruri sărate care evidențiază dulceața naturală și aciditatea acestui fruct iubit.

Fiecare rețetă din această carte de bucate este încercată și adevărată, asigurând rezultate delicioase de fiecare dată când gătiți cu căpșuni. Indiferent dacă coaceți, amestecați, pregătiți pe grătar sau conservați, veți găsi o mulțime de inspirație și îndrumări în aceste pagini. Cu instrucțiuni clare, sfaturi utile și fotografii uimitoare, „Căpșuni: 100 de rețete încercate și adevărate" vă ajută să vă bucurați de aromele căpșunilor pe tot parcursul anului.

Așadar, fie că culegeți căpșuni proaspete din grădină, că căutați pe piața fermierilor cele mai coapte fructe de pădure sau pur și simplu vă doriți să gustați vara, lăsați această carte de bucate să vă fie ghidul pentru a explora lumea dulce și suculentă a căpșunilor în toată gloria sa delicioasă. .

MIC DEJUN

1.Blender Briose Mochi cu Capsuni

INSTRUCȚIUNI:
PENTRU MOCHI MUFFINS:
- Spray de gatit
- 2 linguri ulei neutru
- ¾ cană plus 2 linguri de lapte sau lapte simplu pe bază de plante (soia sau ovăz)
- 2 ouă mari sau aproximativ ⅓ cană de tofu mătăsos sau moale
- 2 linguri de lapte condensat îndulcit, sirop de agave sau sirop de arțar
- 1 picătură de colorant alimentar în gel roșu
- 6 până la 7 căpșuni mari, vârfurile verzi îndepărtate
- 1 lingurita miso (rosu sau alb)
- 1 lingurita praf de copt
- ⅓ cană zahăr granulat
- 2 ⅓ cani de faina de orez glutinos (Mochiko)

PENTRU TOPPING-urile OPȚIONALE:
- Pudră de căpșuni liofilizată
- Zahărul de cofetarie
- Aur comestibil
- Pudră de matcha
- Căpșuni tăiate sau feliate

INSTRUCȚIUNI:
a) Preîncălziți cuptorul la 350 ° F cu un gratar în centru.
b) Tapetați o tavă de brioșe de 12 căni cu căptușeală pentru brioșe. Pulverizați garniturile cu spray de gătit sau ungeți ușor cu ulei. Alternativ, omiteți garniturile și ungeți generos fiecare ceașcă din tava pentru brioșe.
c) Adăugați uleiul, laptele, ouăle, laptele condensat sau siropul, colorantul alimentar, căpșunile, miso, praful de copt, zahărul și făina de orez într-un blender și amestecați până se omogenizează și se omogenizează. Optional, odihniti aluatul cateva minute.
d) Împărțiți aluatul uniform în tava pentru brioșe. Ar trebui să aveți suficient pentru 12 brioșe. Fiecare ceașcă de brioșe ar trebui să fie plină la aproximativ ¾.
e) Coaceți timp de 50 până la 55 de minute, până când o scobitoare introdusă sau o frigărui de bambus iese curată. Pentru a păstra blaturile de brioșe roz, acoperiți brioșele cu folie de aluminiu aproximativ 15 minute după coacere. Așezați forma pentru brioșe pe un grătar pentru a se răci. Pe măsură ce brioșele se răcesc, devin mai dense și mai extensibile/elastice.
f) Acoperiți brioșele cu toppingurile opționale alese. Îmi place să adaug căpșuni tăiate sau feliate deasupra și să pudrăm cu zahăr de cofetarie sau matcha. Dacă te simți bougie, ornează cu fulgi de aur comestibile.
g) Mochi pot fi păstrate în recipiente ermetice la temperatura camerei timp de până la 2 zile sau refrigerate până la o săptămână. Reîncălziți după cum este necesar în prăjitor de pâine, cuptor sau cuptor cu microunde.

2.Crêpe de căpșuni s

INSTRUCȚIUNI:
- Unt pentru prăjit Crêpes
- 3 ouă mari
- ⅔ cană smântână groasă
- 3 linguri Dr. Atkins Bake Mix
- 4 linguri înlocuitor de zahăr
- ⅛ linguriță extract de migdale
- ¼ lingurita extract de vanilie
- ½ lingurita coaja de portocala rasa

Umplutură cu căpșuni:
- 2 căni de căpșuni, spălate, decojite și feliate
- 6 linguri Sugar Twin înlocuitor de zahăr

INSTRUCȚIUNI:

a) Pregătiți o tigaie grea de 8 inchi sau o tigaie pentru crêpe cu unt încălzit. Bateți toate ingredientele pentru Crêpe într-un bol de amestecare.

b) Odată ce untul încetează să mai facă spumă, turnați 1/6 de amestec de crêpe în tigaie, asigurându-vă că acoperiți fundul uniform.

c) Gătiți până când fundul se rumenește și partea de sus este întărită. Folosiți o spatulă pentru a răsturna Crêpe și rumeniți cealaltă parte. Odată gata, transferați pe un prosop de hârtie.

d) Repetați această procedură cu aluatul și untul rămas.

e) Apoi, faceți umplutura combinând căpșunile cu înlocuitorul de zahăr și puneți aproximativ 1 amestec pe fiecare Crêpe.

f) Adauga frisca usoara dupa gust si orneaza cu capsunile ramase.

3.Clatite umplute cu ciocolata si capsuni

INSTRUCȚIUNI:
- 3 lingurite Praf de copt
- 50 g zahăr tos
- 1 ou proaspăt
- 200 ml lapte
- 400 g Nutella
- 300 g Făină simplă
- 1 praf de sare
- Căpșuni, feliate (opțional)
- 1 lingura ulei de floarea soarelui
- 1 lingurita esenta de vanilie

INSTRUCȚIUNI:
a) Tăiați o foaie de hârtie de copt în 6 pătrate, fiecare măsurând 10 cm.
b) Pune 1-2 linguri de Nutella în centrul fiecărui pătrat de pergament și întinde-l într-un disc de 6 cm. Așezați pătratele pe o tavă și lăsați-le la congelat pentru cel puțin o oră.
c) Intre timp pregatim aluatul de clatite. Combinați toate ingredientele uscate într-un bol și faceți o fântână în centru. Într-un castron separat, amestecați oul, laptele și esența de vanilie. Turnați acest amestec în amestecul de făină și amestecați pentru a se încorpora.
d) Ungeți puțin ulei pe o tigaie la foc mediu. Adăugați un plin de aluat și gătiți timp de 2-3 minute până când se formează bule deasupra, iar partea inferioară este aurie.
e) Întoarceți clătitele și gătiți încă un minut. Apoi adăugați un strat de căpșuni feliate și puneți deasupra un disc de ciocolată congelată.
f) Mai puneți puțin aluat peste discul de ciocolată și căpșuni. Gatiti inca un minut pana cand baza devine aurie, apoi intoarceti si gatiti cealalta parte.
g) Repetați acest proces până când toată aluatul a fost folosit.
h) Serviți clătitele fierbinți, opțional cu frișcă proaspătă.

4.Ovăz copt cu căpșuni de nucă de cocos

INSTRUCȚIUNI:
- ⅓ cană lapte de migdale
- 1 cană de ovăz rulat
- 1 banană medie supracoaptă
- 1 ou mare
- 1 lingura unt topit sau ulei de cocos
- ½ linguriță extract de nucă de cocos
- ¼ ceasca de capsuni tocate
- ¼ cană nucă de cocos mărunțită

INSTRUCȚIUNI:
a) Începeți prin a preîncălzi cuptorul la 375 de grade Fahrenheit. Ungeți două rame de 10 uncii cu spray de gătit antiaderent.
b) Într-un blender de mare viteză, combinați laptele de migdale, extractul de vanilie, siropul de arțar, ovăz, banană, ou, unt topit, praf de copt, sare și extract de nucă de cocos. Se mixează la viteză mare până când totul este bine combinat, iar ovăzul este măcinat fin. Acest lucru durează de obicei aproximativ 10 până la 15 secunde.
c) Împărțiți uniform amestecul amestecat printre ramekinele pregătite.
d) După omogenizare, adăugați căpșunile tocate și nuca de cocos mărunțită. Asigurați-vă că le distribuiți uniform în amestec.
e) Puneți ramekinele în cuptorul preîncălzit și coaceți până când ovăzul este gătit în centrul de sus. Timpul de coacere este de aproximativ 23 până la 30 de minute. Reglați timpul în funcție de dimensiunea și forma ramekinelor dvs.
f) Lăsați ovăzul copt cu căpșuni cu nucă de cocos să se răcească ușor înainte de servire. Acest lucru ajută la fixarea ovăzului și îmbunătățește textura generală.
g) Odată răcit, serviți ovăzul copt cu căpșuni de cocos pentru un mic dejun sau o gustare delicioasă și hrănitoare. Combinația de extract de nucă de cocos, căpșuni proaspete și nucă de cocos mărunțită adaugă o aromă tropicală și satisfăcătoare ovăzului copt clasic.

5.Banoffee Waffle

INSTRUCȚIUNI:
- 2 banane
- 25 g unt nesarat
- 30 g zahăr brun
- 2 vafe belgiene
- 1 lingură de înghețată Banoffee Crunch
- 1 lingură de înghețată de caramel
- 15 g frisca
- 20g dulce de leche
- 15 g sos de ciocolata
- 2 baruri Cadbury
- 3 căpșuni proaspete

INSTRUCȚIUNI:
BANANE:
a) Curățați și feliați bananele.
b) Intr-o tigaie topim untul nesarat la foc mediu.
c) Adăugați zahărul brun în untul topit și amestecați până când zahărul se dizolvă.
d) Adăugați feliile de banană în tigaie și gătiți până se caramelizează, întorcându-le din când în când. Acest lucru ar trebui să dureze aproximativ 3-5 minute. Pus deoparte.

VAFE:
e) Prăjiți vafele belgiene conform instrucțiunilor de pe ambalaj sau până când sunt aurii și crocante.
f) Puneți o vafe prăjite pe o farfurie de servire.
g) Întindeți peste vafe un strat de banane caramelizate.
h) Pune o lingură de înghețată Banoffee crunch și o cupă de înghețată de caramel caramel deasupra bananelor caramelizate.
i) Peste inghetata se pune frisca.
j) Peste frișca se stropește dulce de leche și sos de ciocolată.
k) Rupeți batoanele Cadbury în bucăți mici și presărați-le peste vafe.

CĂPȘUNE:
l) Spălați și feliați căpșunile proaspete.
m) Aranjați feliile de căpșuni deasupra vafei.
n) Serviți vafa Banoffee imediat cât vafa este încă caldă și înghețata este ușor topită.

6.Crepe cu flori de soc de căpșuni

INSTRUCȚIUNI:
ALATEA DE CLATITE:
- 250 ml lapte
- 1 ou organic
- 1 lingura sirop de floare de soc
- 100 g faina

SOS DE UT CU SIROP DE FLORI DE SOC:
- 50 g unt
- 70 ml sirop de floare de soc
- 100 g căpșuni

INSTRUCȚIUNI:
a) Începeți prin a pregăti aluatul pentru crepe. Cerneți făina într-un bol, apoi adăugați oul, siropul de floare de soc și laptele. Amestecați până obțineți un aluat fin, fără cocoloașe.
b) Încinge o tigaie la foc mediu și se unge ușor cu ulei. Gătiți clătitele subțiri în loturi, apoi pliați-le în triunghiuri.
c) Într-o altă tigaie, topim untul la foc mediu. Adăugați siropul de floare de soc și amestecați pentru a se combina. Adăugați triunghiurile de clătite îndoite în tigaie. Lăsați-le să se înmoaie în sosul delicios și apoi întoarceți-le. Încălziți-le și sunteți gata de servit.
d) Plasați imediat crepurile, acoperindu-le cu căpșuni proaspete. Pentru un plus de dulceață, stropiți-le cu zahăr pudră sau combinați-le cu o linguriță de înghețată de vanilie.
e) Bucurați-vă de această mâncare de clătite delicioasă și bucurați-vă de amestecul armonios de arome!

7. Cheesecake cu căpșuni Ovăz copt

INSTRUCȚIUNI:
- ⅓ cană de ovăz
- ¼ de cană de căpșuni proaspete sau congelate
- ¼ cană de lapte la alegere (se recomandă lapte de ovăz sau lapte de cocos)
- ½ lingurita sirop de artar
- ⅛ linguriță sare
- ½ linguriță de praf de copt
- ½ linguriță cremă de brânză (utilizați fără lactate pentru versiunea vegană)
- ¼ lingurita extract de vanilie

INSTRUCȚIUNI:
a) Preîncălziți cuptorul la 355ºF/180ºC.
b) Într-un robot de bucătărie, amestecați ovăzul până ajunge la o consistență făinoasă. Sari peste acest pas daca folosesti faina de ovaz.
c) Adăugați toate ingredientele rămase (cu excepția cremei de brânză) în robotul de bucătărie. Procesați până când se omogenizează și se combină bine. Gustați și ajustați îndulcitorul dacă doriți.
d) Turnați fulgii de ovăz cu căpșuni într-un castron rezistent la căldură sau într-un ramekin. Puneți crema de brânză în centru, apăsând-o ușor, astfel încât să fie ascunsă în mijlocul fulgii de ovăz.
e) Coaceți la 355ºF/180ºC timp de aproximativ 15 minute. Este în regulă dacă fulgii de ovăz sunt ușor lipiți. Pentru o textură mai uscată, puteți prelungi timpul de coacere cu 2-3 minute.
f) Serviți imediat fulgii de ovăz sau acoperiți-l cu mai multe căpșuni feliate și, opțional, o praf de frișcă de cocos sau un strop de ciocolată albă.

8.Croissant cu covrigi umplut cu cireșe

INSTRUCȚIUNI:
- 2 croissante de covrigei proaspete
- 6 linguri de caș sau cremă de brânză
- 3 linguri sirop de artar sau miere
- 1 lingurita suc de lamaie
- ½ linguriță extract de vanilie
- 1 cană căpșuni proaspete
- ½ cană cireșe proaspete

INSTRUCȚIUNI:

a) Spălați căpșunile și îndepărtați blaturile verzi. Tăiați-le în felii. Spălați cireșele, tăiați-le în jumătate și îndepărtați sâmburele. Se amestecă căpșunile și cireșele într-un castron cu 1 lingură de sirop de arțar și suc de lămâie.

b) Într-un castron separat, amestecați cașul cu 1 lingură de sirop de arțar și extractul de vanilie. Pentru o consistență mai cremoasă, adăugați 1-2 linguri de apă la amestec dacă doriți.

c) Tăiați cornurile cu covrigei în jumătate pe orizontală. Întindeți 3 linguri de amestec de vanilie pe jumătatea inferioară a fiecărui croissant.

d) Acoperiți amestecul de quark cu fructele amestecate, distribuindu-le uniform peste jumătățile de croissant.

e) Acoperiți fructele cu partea superioară a croissantului, creând un croissant de covrigi umplut delicios.

f) Dacă doriți, stropiți cu niște sirop de arțar sau miere suplimentar pe jumătatea superioară a croissantului pentru un plus de dulceață.

g) Servește imediat și bucură-te de acest delicios croissant de covrigi umplut cu căpșuni și cireșe pentru un mic dejun delicios care aduce aromele verii în rutina ta de dimineață.

9.Clatite Rosé cu Capsuni

INSTRUCȚIUNI:
- 1 ½ cani de capsuni tocate
- 1-2 linguri de zahăr (în funcție de dulceața fructelor de pădure)
- 2 căni de patiserie integrală sau făină universală
- 3 linguri seminte de in macinate
- 1 lingura zahar
- 1 lingura praf de copt
- ¼ lingurita sare
- 1 cană Rosé
- 1 cană de lapte de migdale sau alt lapte nelactat
- ½ linguriță extract de vanilie
- 1 lingurita apa de trandafiri

INSTRUCȚIUNI:

a) Într-un castron mic, amestecați căpșunile tocate cu zahăr și lăsați-le deoparte pentru a le lăsa să elibereze puțin suc dulce.
b) Într-un castron mare, combinați făina, semințele de in măcinate, zahărul, praful de copt și sarea. Bateți ingredientele uscate până se amestecă bine.
c) Luați până la ¼ de cană de suc dulce de căpșuni și amestecați-l cu Rosé.
d) Faceți o fântână în centrul ingredientelor uscate și turnați lapte de migdale, Rosé cu infuzie de căpșuni, extract de vanilie și apă de trandafiri. Bateți amestecul până când majoritatea cocoloașelor dispar.
e) Adăugați ușor ¾ de cană de căpșuni tocate în aluat.
f) Încinge o tigaie sau o grătar la foc mediu. Pentru a verifica dacă este gata, stropește puțină apă pe el și, odată ce sfârâie, ești gata.
g) Puneți aproximativ ⅓ cană de aluat pe grătar pentru fiecare clătită. Gătiți până când marginile sunt ușor maronii și au apărut numeroase bule de aer la suprafață. Apoi, întoarceți și gătiți încă un minut.
h) Servește clătitele cu restul de căpșuni tocate, siropul de arțar și restul de Rosé.

10. Vafe cu sirop de trandafiri, căpșuni și cremă fragedă

INSTRUCȚIUNI:
- 10 căpșuni mari
- 1 lingură Rose Cordial
- 4 linguri Crème Fraîche
- 150 g (6 uncii) făină simplă (universală).
- ½ linguri Praf de copt
- ¼ lingurita de bicarbonat de sodiu (bicarbonat de sodiu)
- 1 lingură Golden Caster (granulat) de zahăr
- Vârf de cuțit de sare
- 200 ml (7 fl uncii) zară
- 1 ou mare
- 50 g (3 linguri) unt nesarat topit
- Ulei într-o sticlă cu pulverizator

INSTRUCȚIUNI:

a) Căpșunile se decorează și se feliază. Într-un castron mic, combinați-le cu cordialul de trandafiri și lăsați-le deoparte.

b) Preîncălziți fierul de vafe. În timp ce se încălzește, pregătiți aluatul de vafe.

c) Într-un bol, combinați făina, praful de copt, bicarbonatul de sodiu, zahărul și sarea. Într-un alt castron, amestecați zara, oul și untul topit. Bateți treptat amestecul lichid în amestecul de făină.

d) Pulverizați ușor fiecare farfurie a fierului de vafe cu ulei. Gătiți vafele în loturi, pulverizând puțin ulei între loturi.

e) Împărțiți vafele fierte între două farfurii calde. Se pune peste crème fraîche , căpșunile pregătite și sucul de trandafiri și căpșuni din fundul bolului cu căpșuni.

11. Scones cu căpșuni și arțar

INSTRUCȚIUNI:
- 2 cani de faina de ovaz.
- ⅓ cană lapte de migdale.
- 1 cană de căpșuni.
- O mână de coacăze uscate.
- 5 linguri ulei de cocos.
- 5 linguri de sirop de artar.
- 1 lingura praf de copt.
- 1 ½ linguriță extract de vanilie.
- 1 lingurita scortisoara.
- ½ linguriță cardamom (opțional).
- Se presară sare.

INSTRUCȚIUNI:
a) Adăugați uleiul de cocos în făina de ovăz și amestecați cu o furculiță până se formează un aluat sfărâmicios.
b) Adăugați bucățile de căpșuni și coacăzele de îndată ce se răcesc, apoi încorporați încet toate ingredientele umede.
c) Formați un cerc din aluat pe o foaie de copt acoperită cu hârtie de copt - ar trebui să fie de aproximativ 1 inch grosime.
d) Coaceți timp de 15-17 minute după ce ați tăiat în opt bucăți triunghiulare.
e) Serviți cu gem, miere sau unt de nuci pentru un răsfăț special!

12. Impletitura Brioche De Capsuni Crema De Branza

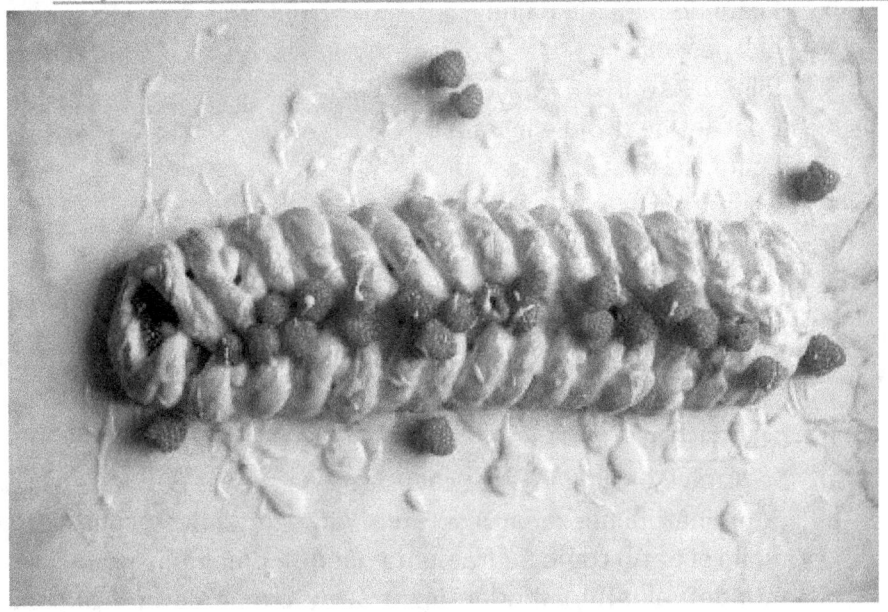

INSTRUCȚIUNI:
- 4 cani de faina de paine
- ⅓ cană zahăr
- 1 lingurita sare
- 1 pachet de drojdie instant
- 1 cană lapte cald
- 3 ouă mari
- ½ cană unt nesărat, topit
- 1 cană căpșuni proaspete, feliate
- 4 uncii de brânză cremă, înmuiată
- ¼ cană zahăr pudră

INSTRUCȚIUNI:
a) Se dizolvă drojdia în lapte cald și se lasă să stea 5 minute.
b) Combinați făina, zahărul și sarea. Adăugați amestecul de drojdie, ouăle și untul topit. Se framanta pana se omogenizeaza.
c) Întindeți aluatul, întindeți un strat de cremă de brânză și puneți deasupra căpșunile feliate.
d) Îndoiți aluatul peste umplutură, creând o împletitură.
e) Se lasă să crească, apoi se coace la 350°F (175°C) timp de 25-30 de minute.

13. Brioşă englezească umplută cu căpşuni

INSTRUCȚIUNI:
- 2 linguri dulceata de capsuni
- 1 lingură cremă de brânză redusă în grăsimi
- 1 ou
- 1 albus de ou
- 1 lingurita extract de vanilie
- 2 lingurite sirop de artar
- 1 lingura lapte de migdale neindulcit
- Putina sare
- 2 brioșe englezești fără gluten
- Toppinguri: zahăr pudră, sirop de arțar pur, căpșuni proaspete

INSTRUCȚIUNI:
a) Într-un castron mic, combinați dulceața de căpșuni și cremă de brânză redusă în grăsimi până se omogenizează bine.
b) Într-un castron separat, mai larg, amestecați oul, albușul, extractul de vanilie, siropul de arțar, laptele de migdale și un praf de sare.
c) Folosiți un cuțit mic pentru a crea o fante pe partea fiecărei brioșe englezești, având grijă să nu tăiați pe cealaltă parte. Această fantă vă va permite să umpleți brioșele. Împărțiți uniform umplutura de căpșuni și cremă de brânză între cele două brioșe, întorcând-o cu grijă în fante.
d) Puneți brioșele englezești umplute în aluatul de ouă, lăsându-le să se înmoaie câteva minute. Întoarceți-le pentru a vă asigura că ambele părți se înmoaie uniform.
e) Încinge o tigaie cu puțin spray antiaderent la foc mediu-mic. Odată încălzite, adăugați brioșele englezești înmuiate și umplute în tigaie pentru gătit pe prima parte. Acoperiți cu un capac și gătiți aproximativ 2-3 minute, având grijă să nu se ardă. Întoarceți-le, acoperiți-le din nou și gătiți a doua parte.
f) Serviți imediat, acoperit cu o pudră de zahăr pudră, un strop de sirop și căpșuni proaspete. Bucurați-vă!

14.Croissant cu covrigei umplut cu capsuni si cirese

INSTRUCȚIUNI:
- 2 croissante de covrigei proaspete
- 6 linguri de caș sau cremă de brânză
- 3 linguri sirop de artar sau miere
- 1 lingurita suc de lamaie
- 1/2 lingurita extract de vanilie
- 1 cană căpșuni proaspete
- 1/2 cană cireșe proaspete

INSTRUCȚIUNI:

h) Spălați căpșunile și îndepărtați blaturile verzi. Tăiați-le în felii. Spălați cireșele, tăiați-le în jumătate și îndepărtați sâmburele. Se amestecă căpșunile și cireșele într-un castron cu 1 lingură de sirop de arțar și suc de lămâie.

i) Într-un castron separat, amestecați cașul cu 1 lingură de sirop de arțar și extractul de vanilie. Pentru o consistență mai cremoasă, adăugați 1-2 linguri de apă la amestec dacă doriți.

j) Tăiați cornurile cu covrigei în jumătate pe orizontală. Întindeți 3 linguri de amestec de vanilie pe jumătatea inferioară a fiecărui croissant.

k) Acoperiți amestecul de quark cu fructele amestecate, distribuindu-le uniform peste jumătățile de croissant.

l) Acoperiți fructele cu partea superioară a croissantului, creând un croissant de covrigi umplut delicios.

m) Dacă doriți, stropiți cu niște sirop de arțar sau miere suplimentar pe jumătatea superioară a croissantului pentru un plus de dulceață.

n) Servește imediat și bucură-te de acest delicios croissant de covrigi umplut cu căpșuni și cireșe pentru un mic dejun delicios care aduce aromele verii în rutina ta de dimineață.

GUSTĂRI ȘI APERITIVE

15.Orez cu căpșuni Krispie Oreo

INSTRUCȚIUNI:
- 4 căni de cereale Rice Krispies
- 3 cani de mini marshmallows
- ¼ cană unt infuzat
- 1 cutie Jell-o de căpșuni
- 2 căni de oreo auriu tocat

INSTRUCȚIUNI:
a) Tapetați o tavă pătrată de 8x8 cu folie și stropiți ușor cu spray de gătit. Pus deoparte.
b) Într-o tigaie de 3 litri, topește untul infuzat cu canabis și bezele la foc mediu.
c) Se amestecă amestecul Jell-O.
d) Amestecați până se omogenizează, apoi adăugați Rice Krispies și Golden Oreos.
e) Presă amestecul în tava pregătită.
f) Lăsați să se răcească cel puțin 2 ore înainte de a tăia în batoane și de a servi.

16.Cheesecake cu căpșuni, orez Krispies

INSTRUCȚIUNI:
CRASTĂ DE KRISPIE DE OREZ:
- 4 căni de cereale Rice Krispies
- 3 linguri de unt (sarat sau nesarat)
- 10 uncii Mini-marshmallows (aproximativ 1 pungă)
- Spray de gatit

Umplutură de cheesecake:
- 16 uncii de brânză cremă, înmuiată (2 pachete)
- 1 cană zahăr cofetar
- 1 lingurita extract de vanilie
- 1 cană de topping batut (cum ar fi Cool Whip)
- 1 pachet de gelatină fără arome (¼ uncii)
- ¼ cană apă

TOPPING DE CAPSUNI:
- 1 kilogram de căpșuni, tăiate grosier
- ¼ cană zahăr granulat

INSTRUCȚIUNI:
CRASTĂ DE KRISPIE DE OREZ:
a) Într-o cratiță mare, topește untul la foc mic. Se amestecă bezele până se topesc complet.
b) Adăugați cerealele Rice Krispie și amestecați până când sunt acoperite uniform.
c) Pulverizați o tigaie adâncă de 9×13 cu spray de gătit. Apăsați uniform amestecul în tavă folosind hârtie ceară sau o spatulă unsă cu unt. Reglați grosimea după cum doriți. Se lasa sa se raceasca in frigider in timp ce pregatesti restul desertului.

SOS DE CAPSUNI:
d) Amestecați căpșunile feliate, zahărul și coaja de portocală opțională într-un castron mic până când sunt bine acoperite.
e) Lăsați-l să stea aproximativ 30 de minute, amestecând din când în când, până când căpșunile își eliberează sucul și zahărul se dizolvă. Pasează câteva căpșuni cu o lingură de lemn. Adăugați apă dacă mai este nevoie de sirop.

Umplutură de cheesecake:
f) Într-un castron mic, presară gelatină peste apă. Lăsați-l să stea timp de 3-5 minute, apoi puneți-l la microunde timp de 20-30 de secunde până se dizolvă. Se da deoparte la racit.
g) Într-un mixer, combinați crema de brânză și zahărul pudră cernut. Se amestecă până devine pufoasă.
h) Treceți la accesoriul pentru tel, adăugați toppingul bătut și bateți până se formează vârfuri moi.
i) Dacă gelatina s-a gelificat, încălziți-o pentru scurt timp în cuptorul cu microunde și amestecați-o în umplutură.
j) Continuați să bateți până se formează vârfuri ferme.
k) Krispie Treats răcite și întindeți uniform. Dați la frigider pentru o oră sau peste noapte.
l) Chiar înainte de servire, turnați cu lingura sau turnați umplutura de căpșuni peste stratul de cheesecake sau serviți-o peste felii individuale.

17. Tartele Pop umplute cu gem de capsuni

INSTRUCȚIUNI:
- 2 foi de aluat foietaj decongelat
- 6 linguri dulceata de capsuni

SPALA DE OUĂ:
- 1 ou mare
- 1 lingura de lapte

TOPING:
- Zahar gros (optional)

INSTRUCȚIUNI:
a) Preîncălziți cuptorul la 400F. Tapetați o foaie de copt cu hârtie de copt; pus deoparte.
b) Tăiați fiecare foaie de aluat în 6 dreptunghiuri egale, rezultând un total de 12 dreptunghiuri.
c) Întindeți aproximativ o lingură de dulceață de căpșuni pe șase dintre decupaje dreptunghiulare de foietaj.
d) Pe celelalte șase dreptunghiuri, utilizați forme de prăjituri pentru a crea forme și modele complicate.
e) Peste cele cu gemuri se aseaza foile de foietaj cu decupaje. Sigilați marginile cu o furculiță pe toate cele patru părți.
f) Într-un castron mic, combinați oul și laptele pentru spălarea ouălor. Ungeți-l peste partea de sus a tartelor pop.
g) Opțional, presară zahăr grosier deasupra.
h) Puneți tartele pop pe foaia de copt și coaceți aproximativ 20 de minute până când blaturile devin maro auriu.
i) Lăsați tartele pop să se răcească înainte de a le servi. Rețineți că inițial se vor umfla, dar se vor dezumfla pe măsură ce se răcesc.
j) Servește aceste tarte delicioase cu gem de căpșuni la micul dejun sau ca o gustare delicioasă.

18.Tarte cu crema de branza cu capsuni

INSTRUCȚIUNI:
PATISERIE:
- 250 g amestec de faina fara gluten
- 100 g unt rece nesarat
- 140 g smantana rece fara lactoza
- ¼ linguriță de praf de copt
- 1 până la 2 linguri de apă rece ca gheața
- ½ lingurita sare
- 1 lingura de zahar (optional pentru aluat dulce)

PENTRU Umplutura:
- 100 g crema de branza fara lactoza

GEM DE CĂPȘUNI:
- 450 g căpșuni proaspete sau congelate
- 150 ml sirop de arțar (sau zahăr)
- 3 linguri de suc de lamaie
- 1 lingurita coaja de lamaie
- 1 lingurita extract pur de vanilie
- 1 lingurita amidon de porumb
- 3 linguri de apa (pentru dizolvarea amidonului de porumb)

SPĂLARE OUĂ:
- 1 ou
- 2 linguri de lapte sau smantana fara lactoza

PENTRU GLAURA:
- 100 g crema de branza
- 50 g dulceata de capsuni

INSTRUCȚIUNI:
Pentru a face patiserie:
a) Tăiați untul în cuburi.
b) Într-un castron, amestecați făina, praful de copt, sarea și zahărul (dacă folosiți).
c) Adaugati cubuletele de unt si adaugati faina in unt. Aplatizați fiecare bucată de unt între degetul mare și arătător.
d) Adăugați smântâna și amestecați pentru a umezi ingredientele uscate. Frământați aluatul, adăugând apă cu gheață doar dacă este necesar.

e) Puneți aluatul pe o folie de plastic, apăsați-l într-un disc și lăsați-l la frigider pentru 30 de minute.

PENTRU A FACE DULCEATA DE CAPSUNI:
f) Într-o cratiță, combinați căpșunile, siropul de arțar, extractul de vanilie, sucul de lămâie și coaja de lămâie.
g) Se fierbe la foc mediu, amestecând des și piureând căpșunile.
h) După 5 minute, amestecați amidonul de porumb cu apă și adăugați-l în cratiță. Continuați să amestecați până când tartina se îngroașă.
i) Se ia de pe foc si se lasa sa se raceasca 5 minute.

PENTRU A FACE TARTE POP:
j) Pudrați-vă suprafața de lucru cu făină. Rulați aluatul într-un dreptunghi de 9 x 12 inci.
k) Tăiați formele dorite de tartă pop sau folosiți un tăietor de prăjituri. Ungeți oul pe o parte.
l) Pune 1 lingurita crema de branza fara lactoza si 1 lingurita gem de capsuni in mijloc.
m) Așezați cu grijă o a doua formă decupată deasupra, apăsați marginile pentru a sigila și sertiți cu o furculiță.
n) Repetați cu formele decupate rămase, așezându-le pe o tavă de copt tapetată cu pergament.
o) Folosiți un betisoare pentru a face găuri în partea de sus a fiecărei produse de patiserie pentru aerisire. Răciți timp de 15 minute.
p) Preîncălziți cuptorul la 200°C (400°F), apoi ungeți partea de sus a fiecărei tarte pop cu restul de spălat cu ouă.
q) Coaceți aproximativ 20 de minute până se rumenesc. Apăsați ușor pentru a elimina aburul și aplatiza. Lasati sa se raceasca complet.

PENTRU A FACE GLAURA:
r) Amesteca crema de branza cu dulceata de capsuni.
s) Întinde 1 linguriță de glazură pe o tartă pop și folosește o lingură pentru a o întinde ușor.
t) Acoperiți cu stropi și repetați cu tartele pop rămase.

19.Batoane cu brânză de vaci cu căpşuni

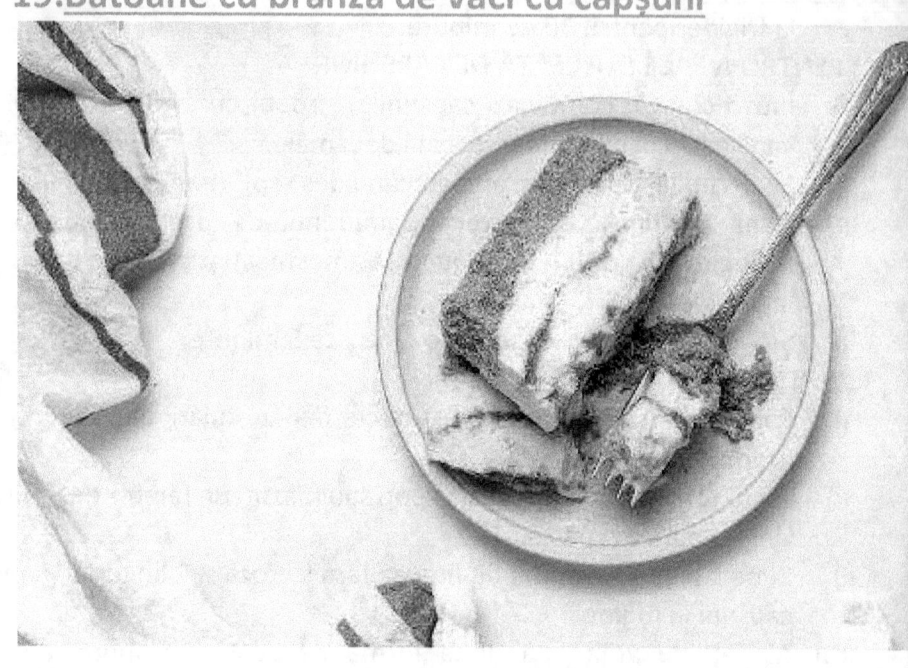

INSTRUCȚIUNI:
- de 16 uncii de brânză de vaci
- 2 linguri de faina
- ¾ cană zahăr
- 2 oua, bine batute
- Coaja de lamaie rasa
- 2 linguri suc de lamaie
- ¼ cană smântână groasă
- Vârf de cuțit de sare
- 2 lingurite de vanilie
- ½ lingurita nucsoara
- ½ cană stafide aurii
- ½ ceasca de nuci tocate
- 1 cană de căpșuni proaspete, decojite și feliate plus mai multe pentru ornat
- Frunze de menta, pentru ornat

INSTRUCȚIUNI:
a) Preîncălziți cuptorul la 350°F (175°C).
b) Pregătiți un vas de copt ungându-l cu spray de gătit sau unt.
PREGĂTIȚI Umplutura:
c) Într-un castron mare, combinați brânza de vaci, făina, zahărul, coaja de lămâie, sucul de lămâie, smântâna groasă, sarea, vanilia, nucșoara și stafidele aurii.
d) Se amestecă până când toate ingredientele sunt bine combinate.
e) Îndoiți ușor căpșunile proaspete feliate în amestec. Căpșunile vor adăuga o explozie de aromă fructată batoanelor.
COACE:
f) Turnați amestecul în vasul de copt pregătit și întindeți-l uniform.
g) Deasupra presara nucile tocate.
h) Coaceți aproximativ 45 de minute sau până când batoanele sunt întărite.
i) Odată copt, puteți presăra o atingere mai multă nucșoară deasupra pentru un plus de aromă.
j) Se ornează cu câteva căpșuni proaspete și frunze de mentă.
k) Se răcește înainte de a tăia.

20.Cremă de căpșuni și mango

INSTRUCȚIUNI:
PENTRU GANACHE DE CAPSUNI BITUITA:
- 175 g ciocolată inspirată de căpșuni
- 350 g smântână groasă

PENTRU TOPINGUL CRAQUELIN:
- 42 g unt nesarat, la temperatura camerei
- 50 g zahăr brun deschis
- 50 g faina universala

PENTRU CHOUX:
- 75 g apă
- 75 g lapte
- 70 g unt nesarat, taiat cubulete
- 1 lingurita zahar granulat
- ½ lingurita sare kosher
- 100 g făină universală, cernută
- 150 g ouă (aproximativ 3 mari), la temperatura camerei și ușor bătute pentru a se combina

PENTRU CREMA DE MANGO:
- 50 g mango liofilizat
- 50 g zahăr granulat
- 78g crema de branza, rece si taiata cubulete
- Un praf de sare cușer
- 300 g smântână groasă, rece

A TERMINA:
- Stropi, bucăți de fructe liofilizate, felii de fructe proaspete (opțional)

INSTRUCȚIUNI:
PENTRU GANACHE DE CAPSUNI BITUITA:
a) Tăiați mărunt ciocolata inspirată de căpșuni și puneți-o într-un castron rezistent la căldură.
b) Într-o cratiță mică, la foc mediu, încălziți smântâna până se aburește. Se ia de pe foc si se toarna peste ciocolata tocata.
c) Lăsați-l să stea timp de 1 minut, apoi bateți ușor până se omogenizează. Răciți la temperatura camerei, apăsați o folie de folie de plastic pe suprafață și dați la frigider până se răcește complet, cel puțin 4 ore și până la 5 zile.

PENTRU TOPINGUL CRAQUELIN:
d) Într-un castron mic, bate untul înmuiat și zahărul brun până se omogenizează.
e) Adaugam faina si amestecam pana se formeaza un aluat. Razuiti aluatul pe o bucata de hartie de copt.
f) Puneți o altă bucată de hârtie de copt deasupra și rulați aluatul la aproximativ 1/16 inch grosime. Congelați-l în timp ce pregătiți choux-ul. (Craquelinul poate fi preparat cu până la 1 lună înainte; congelați, bine învelit, până este gata de utilizare - nu este nevoie să dezgheți.)

PENTRU CHOUX:
g) Preîncălziți cuptorul la 425 ° F cu un gratar în mijloc și tapetați o tavă mare de copt cu hârtie de copt.
h) Combinați apa, laptele, untul, zahărul și sarea într-o cratiță medie. Aduceți la fiert puternic la foc mediu, amestecând din când în când.
i) Imediat ce amestecul se fierbe, scoateți oala de pe foc și adăugați făina dintr-o dată. Amestecați energic cu o lingură sau o spatulă de lemn până când făina este complet încorporată.
j) Puneți oala la foc mic și amestecați constant, gătind amestecul timp de 2 minute pentru a ajuta la uscare. Transferați în bolul unui mixer cu suport prevăzut cu accesoriul cu paletă.
k) Se amestecă la viteză medie timp de 1-2 minute pentru a elibera aburul. Aluatul trebuie să înregistreze 170-175 ° F pe un termometru cu citire instantanee și să fie suficient de rigid.

l) Cu mixerul încă la mic, treceți încet ouăle bătute. Se amestecă la viteză medie timp de 4 minute până când aluatul trece testul de consistență.

PENTRU CREMA DE MANGO:

m) În bolul unui robot de bucătărie, combinați mango-ul liofilizat și zahărul. Pulsați până când mango se descompune într-o pudră fină.
n) Adăugați crema de brânză și sare și pulsați pentru a se combina.
o) Adăugați smântâna rece și procesați până când amestecul seamănă cu iaurtul foarte gros.

A TERMINA:

p) Folosește un betisoare pentru a face o gaură în partea de jos a fiecărui puf de cremă.
q) Tăiați vârful pungii care ține crema de mango. Introduceți vârful în orificiu și introduceți crema de mango până când puful se simte greu.
r) Puneți deasupra un vârtej de ganache de căpșuni. Ornați cu stropi, bucăți de fructe liofilizate sau felii de fructe proaspete.
s) Savurați imediat sau dați la frigider și savurați în 4 ore de la asamblare.

21.Cruffine cu Capsuni

INSTRUCȚIUNI:
- 1 lingura unt moale
- ½ lingurita de scortisoara macinata
- 6 lingurite de zahar granulat
- 1 pachet de aluat pentru croissante (găsiți în secțiunea răcită)
- 2 linguri de cremă gata preparată
- 125 g căpșuni, decojite și feliate foarte fin
- Zahăr pudră pentru pudrat

INSTRUCȚIUNI:

a) Unge cu unt 6 orificii dintr-o tava mare de briose, apoi amesteca jumatate de scortisoara cu zaharul. Pe rând, puneți câte o linguriță de zahăr cu scorțișoară în fiecare gaură pentru brioșe și rulați pentru a acoperi interiorul. Preîncălziți cuptorul la 200°C (180°C ventilator sau marcajul de gaz 6).

b) Desfaceți cu grijă aluatul de croissant și tăiați-l în 3 dreptunghiuri de aluat, astfel încât să păstrați 2 triunghiuri de croissant lipite împreună pentru a forma 3 dreptunghiuri. Tăiați fiecare în jumătate pe lungime, astfel încât să rămâneți cu 6 benzi mai subțiri.

c) Făcând câte un cruffin , ungeți un strat subțire de cremă peste aluat, lăsând un chenar gol de 1 cm de-a lungul marginii apropiate de dvs.

d) Punctați căpșuni deasupra cremei, lăsând câteva vârfuri să iasă deasupra marginii superioare a aluatului. Mai împrăștiați cu un praf de scorțișoară măcinată, apoi rulați aluatul de croissant de pe una dintre părțile mai scurte, ciupind împreună marginea de aluat pentru a se etanșa într-o bază.

e) Așezați rulada, cu partea de bază în jos, într-una dintre găurile pentru brioșe și repetați cu restul de aluat, cremă și căpșuni.

f) Când toate cruffins-urile sunt asamblate, dați la cuptor pentru 15-20 de minute, până când au crescut, aurii și crocante deasupra.

g) Împingeți aluatul de croissant înapoi în forme dacă crește prea mult în timpul gătirii. Pudrați cu zahăr pudră pentru a servi.

22.Pătrate de prăjitură cu iaurt cu căpșuni

INSTRUCȚIUNI:
- 2 căni de firimituri de biscuiți Graham
- ½ cană unt nesărat, topit
- 3 cesti de capsuni congelate, decongelate
- ¼ cană zahăr granulat
- 2 cani de iaurt de vanilie
- Frisca, pentru servire

INSTRUCȚIUNI:
a) Într-un castron, combinați firimiturile de biscuiți Graham și untul topit. Apăsați amestecul în fundul unui vas de copt de 9 x 9 inci pentru a forma crusta.
b) Într-un blender, amestecați căpșunile dezghețate până la omogenizare. Adăugați zahărul și amestecați din nou până se omogenizează bine.
c) Într-un castron separat, amestecați piureul de căpșuni cu iaurtul de vanilie până se combină bine.
d) Turnați amestecul de iaurt cu căpșuni peste crusta de biscuit Graham din vasul de copt.
e) Se netezește partea de sus cu o spatulă și se acoperă vasul cu folie de plastic.
f) Pune vasul la congelator pentru cel puțin 4 ore sau până când este ferm.
g) Pentru a servi, tăiați prăjitura congelată în pătrate și acoperiți fiecare pătrat cu o praf de frișcă.

23. Căpșuni umplute

INSTRUCȚIUNI:
- 1 litru de căpșuni
- 4 uncii de brânză cremă, înmuiată
- ¼ cană zahăr pudră
- ½ linguriță extract de vanilie
- ¼ cană biscuiți graham zdrobiți

INSTRUCȚIUNI:
a) Spălați căpșunile și tăiați vârfurile. Scobiți centrul cu un cuțit mic sau cuțit de căpșuni.
b) Într-un castron, amestecați crema de brânză, zahărul pudră și extractul de vanilie până la omogenizare.
c) Umpleți fiecare căpșună cu amestecul de cremă de brânză.
d) Înmuiați capătul umplut al căpșunilor în biscuiți graham zdrobiți.
e) Răciți timp de 30 de minute înainte de servire.

24.Căpşuni umplute cu Nutella

INSTRUCȚIUNI:
- 30 de căpșuni proaspete feliate
- 1 conserve (7 uncii) de frișcă
- Borcan de 13 uncii Nutella
- 30 de afine proaspete
- 1 pachet (14,4 uncii) de mini biscuiți Graham

INSTRUCȚIUNI:
a) Mai întâi, tăiați partea de jos a fiecărei căpșuni și creați o gaură în fiecare dintre ele de sus.
b) Acum puneți frișcă și alune întinse în această gaură și acoperiți-o cu o afine.
c) Acoperiți cu un biscuit Graham înainte de servire.

25.Căpșuni acoperite cu ciocolată

INSTRUCȚIUNI:
- Căpșuni proaspete, spălate și uscate
- 1 pachet CandiQuik (acoperire de bomboane cu aroma de vanilie)
- Opțional: chipsuri de ciocolată albă, chipsuri de ciocolată neagră sau alte toppinguri pentru decor

INSTRUCȚIUNI:
a) Tapetați o foaie de copt cu hârtie de copt.
b) Rupeți CandiQuik- ul în bucăți și puneți-l într-un bol termorezistent. Topiți CandiQuik conform instrucțiunilor de pe ambalaj. De obicei, aceasta implică punerea la microunde la intervale de 30 de secunde până când se topește complet.
c) Țineți fiecare căpșună de tulpină sau folosiți scobitori pentru a înmuia căpșunile în CandiQuik topit , acoperindu-le la aproximativ două treimi din drum.
d) Lăsați excesul de acoperire CandiQuik să se scurgă, apoi puneți căpșunile acoperite cu ciocolată pe tava de copt tapetată cu hârtie de copt.
e) Opțional: În timp ce stratul CandiQuik este încă umed, puteți turna ciocolată albă topită, ciocolată neagră sau alte garnituri peste căpșunile acoperite cu ciocolată pentru un decor suplimentar.
f) Lăsați acoperirea CandiQuik să se întărească complet.
g) Odată setate, căpșunile tale acoperite cu ciocolată sunt gata pentru a fi savurate!

26. Căpșuni roșii, albe și albastre

INSTRUCȚIUNI:
- Căpșuni proaspete, spălate și uscate
- 1 pachet CandiQuik (acoperire de bomboane cu aroma de vanilie)
- Bomboanele albastre se topesc
- Bomboanele albe se topesc
- Opțional: stropi roșu, alb și albastru sau sclipici comestibile pentru decor

INSTRUCȚIUNI:
a) Tapetați o foaie de copt cu hârtie de copt.
b) Rupeți CandiQuik- ul în bucăți și puneți-l într-un bol termorezistent. Topiți CandiQuik conform instrucțiunilor de pe ambalaj. De obicei, aceasta implică punerea la microunde la intervale de 30 de secunde până când se topește complet.
c) Împărțiți căpșunile în trei grupuri.
d) Înmuiați un grup de căpșuni în CandiQuik topit până când este complet acoperit. Pune-le pe tava tapetata cu hartie de copt.
e) Înmuiați un alt grup de căpșuni în bomboane topite albastre până când sunt acoperite complet. Așezați-le lângă căpșunile acoperite alb pe tava de copt.
f) Înmuiați grupul rămas de căpșuni în bomboane albe topite până când sunt acoperite complet. Așezați-le lângă căpșunile acoperite cu albastru pe tava de copt.
g) Opțional: în timp ce stratul de bomboane este încă umed, presărați stropi roșu, alb și albastru sau sclipici comestibile deasupra fiecărei căpșuni acoperite pentru o notă festivă.
h) Lăsați stratul de bomboane să se întărească și să se stabilească complet.
i) Odată setate, căpșunile voastre roșii, albe și albastre sunt gata pentru a fi savurate!

27.Căpșuni Cinco De Mayo

INSTRUCȚIUNI:
- Căpșuni proaspete, spălate și uscate
- 1 pachet CandiQuik (acoperire de bomboane cu aroma de vanilie)
- Zahăr de culoare verde sau stropi verzi
- Zahăr sau stropi alb sau auriu
- Opțional: coaja de lime pentru garnitură

INSTRUCȚIUNI:
a) Tapetați o foaie de copt cu hârtie de copt.
b) Rupeți CandiQuik- ul în bucăți și puneți-l într-un bol termorezistent. Topiți CandiQuik conform instrucțiunilor de pe ambalaj. De obicei, aceasta implică punerea la microunde la intervale de 30 de secunde până când se topește complet.
c) Țineți fiecare căpșună de tulpină sau folosiți scobitori pentru a înmuia căpșunile în CandiQuik topit , acoperindu-le la aproximativ două treimi din drum.
d) Lăsați excesul de acoperire CandiQuik să se scurgă, apoi puneți căpșunile acoperite pe tava de copt tapetată cu hârtie de pergament.
e) În timp ce învelișul CandiQuik este încă umed, presărați zahăr de culoare verde sau stropi verzi pe o treime din căpșunile acoperite. Aceasta reprezintă culoarea verde a drapelului mexican.
f) Se presară zahăr alb sau auriu sau se presară încă o treime din căpșunile acoperite. Aceasta reprezintă culoarea albă a drapelului mexican.
g) Lăsați o treime rămasă din căpșunile acoperite fără stropi suplimentare pentru culoarea roșie a drapelului mexican.
h) Opțional: Zestează lime peste căpșuni pentru o explozie de aromă de citrice și adaugă garnitură.
i) Lăsați acoperirea CandiQuik să se întărească complet.
j) Odată setate, căpșunile tale Cinco de Mayo sunt gata pentru a fi savurate!

28. Căpșuni de Moș Crăciun

INSTRUCȚIUNI:
- CandiQuik (acoperire cu ciocolata alba)
- Căpșuni proaspete
- Marshmallows în miniatură

INSTRUCȚIUNI:
a) Topiți ciocolata albă CandiQuik conform instrucțiunilor de pe ambalaj.
b) Înmuiați capătul ascuțit al unei căpșuni în CandiQuik topit.
c) Puneți o marshmallow în miniatură deasupra căpșunilor acoperite pentru a forma pomponul pălăriei de Moș Crăciun.
d) Lăsați CandiQuik să se stabilească înainte de servire.

29.Pătrate din șifon cu căpșuni

INSTRUCȚIUNI:
PENTRU CRASTĂ:
- 1½ cani de firimituri de napolitane Graham
- ⅓ cană de margarină, topită

PENTRU Umplutura:
- ¾ cană apă clocotită
- 1 pachet gelatina de capsuni
- 1 cană de lapte Eagle Brand (lapte condensat îndulcit)
- ⅓ cană suc de lămâie
- 1 pachet de căpșuni congelate feliate
- 3 căni de bezele miniaturale
- ½ gal de smântână pentru frișcă, bătută

INSTRUCȚIUNI:
PENTRU CRASTĂ:
a) Combinați firimiturile de napolitană Graham și margarina topită.
b) Pat amestecul pe fundul unei tigaie de 9 x 13 inci.

PENTRU Umplutura:
c) gelatina de căpșuni în apă clocotită într-un castron mare.
d) Se amestecă laptele condensat îndulcit, sucul de lămâie, căpșunile congelate feliate și bezelele.
e) Încorporați frișca.
f) Se toarnă amestecul peste crusta de pesmet.
g) Se da la rece până se fixează, aproximativ 2 ore.

30.Căpșuni umplute S'Mores

INSTRUCȚIUNI:
- Căpșuni proaspete
- Fulgi de ciocolată
- Mini marshmallows
- Biscuiți graham zdrobiți

INSTRUCȚIUNI:
a) Scoateți căpșunile.
b) Umpleți fiecare căpșună cu fulgi de ciocolată și mini marshmallows.
c) Presărați deasupra biscuiți graham zdrobiți.
d) delicii S'Mores de dimensiuni mici .

31. Cheesecake Churros cu căpșuni

INSTRUCȚIUNI:
- 1 cană apă
- 2 linguri de zahar
- ½ lingurita sare
- 2 linguri ulei vegetal
- 1 cană de făină universală
- Ulei vegetal pentru prajit
- ¼ cană zahăr (pentru acoperire)
- 1 lingurita de scortisoara macinata (pentru acoperire)
- Umplutură de cheesecake cu căpșuni (preparată sau cumpărată din magazin)

INSTRUCȚIUNI:
a) Într-o cratiță, amestecați apa, zahărul, sarea și uleiul vegetal. Aduceți amestecul la fierbere.
b) Se ia cratita de pe foc si se adauga faina. Se amestecă până când amestecul formează o minge de aluat.
c) Încinge ulei vegetal într-o tigaie adâncă sau o oală la foc mediu.
d) Transferați aluatul într-o pungă prevăzută cu vârf stea.
e) Introduceți aluatul în uleiul fierbinte, tăindu-l în lungimi de 4-6 inci cu un cuțit sau foarfece.
f) Se prăjește până se rumenește pe toate părțile, întorcându-le din când în când.
g) Scoateți churros din ulei și scurgeți-l pe un prosop de hârtie.
h) Într-un castron separat, amestecați zahărul și scorțișoara. Rulați churros în amestecul de zahăr cu scorțișoară până se îmbracă.
i) Folosind o seringă sau o pungă de patiserie, umpleți churros cu umplutură de cheesecake cu căpșuni.
j) Serviți churros de cheesecake cu căpșuni calde.

32.Enchiladas cu crema de branza cu capsuni

INSTRUCȚIUNI:
- 10 tortilla de faina
- 1 pachet (8 uncii) cremă de brânză, înmuiată
- ¼ cană zahăr granulat
- 2 cani de capsuni proaspete, feliate
- ¼ cană unt nesărat, topit
- ½ cană zahăr granulat
- ½ lingurita de scortisoara macinata
- Frisca, pentru servire

INSTRUCȚIUNI:
a) Preîncălziți cuptorul la 350°F.
b) Într-un castron mediu, bateți crema de brânză și ¼ de cană de zahăr până se omogenizează.
c) Așezați o tortilla pe o suprafață plană și întindeți aproximativ 1 ½ linguriță de amestec de brânză cremă în centru.
d) Aranjați câteva felii de căpșuni deasupra amestecului de cremă de brânză.
e) Rulați tortilla strâns și puneți-o cu cusătura în jos într-o tavă de copt de 9 x 13 inci.
f) Repetați cu tortillale rămase, amestecul de brânză cremă și căpșuni.
g) Într-un castron mic, amestecați untul topit, ½ cană de zahăr și scorțișoara.
h) Turnați amestecul de unt peste enchiladas.
i) Coaceți timp de 20-25 de minute sau până când enchiladas sunt aurii și crocante. Se serveste cu frisca.

33.Kabobs cu banane cu căpșuni Godiva

INSTRUCȚIUNI:
- 1 cană de chipsuri de ciocolată neagră
- 4-5 căpșuni întregi proaspete
- 2 banane

INSTRUCȚIUNI:
a) Tăiați căpșunile în 3-4 bucăți.
b) Tăiați bananele în bucăți de 1 inch.
c) Așezați alternativ căpșunile și bucățile de banană pe frigăruile de lemn.
d) Asezati frigaruile pe o foaie de hartie de copt.
e) Într-un castron sigur pentru cuptorul cu microunde, adăugați fulgii de ciocolată neagră. Puneți la microunde timp de 30 de secunde, amestecați și apoi lăsați la microunde încă 15 secunde. Continuați să amestecați până când ciocolata este netedă. Pune la microunde încă 15 secunde dacă este necesar.
f) Stropiți ciocolata topită înainte și înapoi peste fiecare frigărui.
g) Lăsați ciocolata să se răcească și să se stabilească până se întărește.
h) Bucurați-vă de decadentele tale Godiva Strawberry Banana Kabobs!

34. Rulouri de primăvară cu fructe amestecate cu sos de căpșuni

INSTRUCȚIUNI:
PENTRU ROLULE DE PRIMAVĂRI DE FRUCTE:
- 1 cană căpșuni, tăiate în sferturi
- 2 kiwi , tăiate în felii
- 2 portocale, tăiate felii
- 1 mango, tăiat fâșii
- 2 piersici, tăiate fâșii
- ½ cană de cireșe, fără sâmburi și tăiate în jumătăți
- ½ cană de afine
- ½ cană de zmeură
- 1 stea fruct
- 8 foi de hârtie de orez vietnameză
- Frunze de mentă proaspătă

PENTRU SOS DE CAPSUNI:
- 2 cani de capsuni
- 1 fruct al pasiunii

PENTRU SOS DE CIOCOLATA:
- 1 cană ciocolată neagră, topită

INSTRUCȚIUNI:
PREGĂTIREA ROLULOILOR DE PRIVĂRI DE FRUCTE:
a) Tăiați toate fructele în bucăți mici. Dacă doriți, utilizați un tăietor în formă de stea pentru mango.
b) Umpleți un vas puțin adânc cu apă și scufundați foile de hârtie de orez vietnamez în apă, asigurându-vă că devin moderat umede pe ambele părți. Aveți grijă să nu le înmuiați prea mult timp, deoarece pot deveni prea moi.
c) După ce ați înmuiat hârtiile de orez, puneți o porție din fructele preparate pe fiecare foaie de hârtie de orez.
d) Așezați-le în centru și apoi rulați-le ca un burrito, pliând cele două clapete laterale pe măsură ce mergeți.

PREPARAREA SOSULUI DE CAPSUNI:
e) Într-un blender, combinați căpșunile și pulpa fructului pasiunii.
f) Se amestecă până la omogenizare. Acesta va fi sosul tău de căpșuni.

SERVIRE:
g) Serviți rulourile de primăvară cu fructe cu sosul de căpșuni. De asemenea, puteți oferi ciocolată neagră topită ca opțiune alternativă de scufundare.
h) Bucurați-vă de rulourile de primăvară cu fructe răcoritoare și sănătoase în zilele fierbinți de vară!

35.Rule de primăvară cu dip de limonada de căpșuni

INSTRUCȚIUNI:
RULOURI DE PRIMĂVARĂ:
- Apa calda
- 8 ambalaje de hârtie de orez
- 1 kiwi, feliat
- ¼ cană căpșuni (40 g), feliate
- ½ mango, feliat
- ¼ cană zmeură (30 g)
- ½ mar verde, feliat

DIP cu limonadă cu căpșuni:
- ½ cana iaurt grecesc vanilie (120 g)
- ½ cană căpșuni (75 g), feliate
- 3 crengute frunze de menta proaspata
- 1 lingura miere
- 1 lingura suc de lamaie
- ¼ de lingură coajă de lămâie, plus mai mult pentru garnitură

INSTRUCȚIUNI:
FACEȚI DIP LIMONADA DE CAPSUNI:
a) Adaugă într-un blender iaurtul grecesc, căpșunile feliate, frunzele de mentă proaspătă, mierea, sucul de lămâie și coaja de lămâie.
b) Se amestecă până la omogenizare.
c) Transferați diep-ul într-un castron mic și ornați cu mai multă coajă de lămâie.
d) Răciți băutura la frigider în timp ce asamblați rulourile.

ASSAMBLAȚI RULOILE DE PRIVĂRI:
e) Umpleți un vas de mică adâncime cu apă caldă și puneți-l lângă stația de lucru.
f) Înmuiați un înveliș de hârtie de orez în apă caldă pentru câteva secunde, scufundându-l complet.
g) Scoateți hârtia de orez înmuiată și așezați-o pe o suprafață netedă și curată, cum ar fi o farfurie.
h) Adăugați combinația dorită de kiwi feliat, căpșuni feliate, mango feliat, zmeură și măr verde feliat în mijlocul ambalajului. Aveți grijă să nu umpleți prea mult pentru a ușura rularea.
i) Lucrând rapid, înainte ca hârtia de orez să se usuce, îndoiți ambele părți ale hârtiei de orez peste fructe pentru a-l fixa.
j) Ridicați marginea inferioară a hârtiei de orez și îndoiți-o cu grijă peste partea superioară a fructelor, ascunzându-l dedesubt pe cealaltă parte.
k) Rulați ușor până când fructele sunt complet acoperite și marginea superioară a învelișului aderă la rulada de primăvară.
l) Repetați procesul de rulare cu ingredientele rămase.
m) Puneți fiecare rulou de primăvară deoparte și acoperiți-l cu un prosop de hârtie umed pentru a-l păstra proaspăt în timp ce repetați cu ingredientele rămase.

SERVI:
n) Serviți rulourile de primăvară cu fructe cu dip de limonadă de căpșuni răcită.
o) Bucurați-vă de acest aperitiv răcoritor și sănătos!

36. Napolitane cu iaurt congelat cu capsuni

INSTRUCȚIUNI:
NAVETE DE ÎNGHETATA EXTRA-GROSA
- 1 cană de făină universală
- ½ cană zahăr granulat
- ¼ cană unt nesărat, topit
- ¼ cană lapte
- ½ linguriță extract de vanilie
- Putina sare
- Spray de gătit sau unt topit suplimentar (pentru ungerea fierului de vafe)

UMPLERE
- 250 g căpșuni, decojite, plus încă 125 g căpșuni, decojite și tocate fin
- ½ cană (110 g) zahăr tos
- 500 g iaurt bio în stil grecesc
- ½ cană (125 ml) smântână pură (subțire).

INSTRUCȚIUNI:
NAVETE DE ÎNGHETATA EXTRA-GROSA
a) Preîncălziți fierul de vafe conform instrucțiunilor producătorului.
b) Într-un castron, combinați făina universală, zahărul granulat și un praf de sare.
c) Într-un castron separat, potrivit pentru cuptorul cu microunde, topește untul nesărat.
d) Adăugați untul topit, laptele și extractul de vanilie la ingredientele uscate. Amestecați până obțineți un aluat omogen. Ar trebui să fie groasă, dar de turnat.
e) Ungeți ușor fierul de vafe cu spray de gătit sau unt topit.
f) Turnați suficient aluat pe fierul de vafe preîncălzit pentru a acoperi aproximativ ⅔ din grătarul de vafe. Cantitatea de aluat necesară va depinde de dimensiunea fierului de vafe.
g) Închideți fierul de vafe și gătiți conform instrucțiunilor producătorului până când napolitanele devin aurii și crocante. Acest lucru durează de obicei aproximativ 2-4 minute.
h) Scoateți cu grijă napolitanele din fierul de vafe folosind o furculiță sau o spatulă. Ar trebui să fie flexibile când sunt fierbinți, dar vor deveni crocante pe măsură ce se răcesc.
i) Puneți napolitanele fierbinți pe un grătar pentru a se răci complet. Pe măsură ce se răcesc, vor deveni napolitane de înghețată foarte groase.

PREGĂTIREA AMESTECULUI DE IAURT DE CAPSUNI:
a) Începeți prin a pune cele 250 g de căpșuni decojite și zahăr tos într-un robot de bucătărie. Procesați până când amestecul devine omogen.
b) Adăugați iaurtul organic în stil grecesc la amestecul de căpșuni din robotul de bucătărie. Procesați din nou până când totul este bine combinat.
c) Se toarnă amestecul de iaurt de căpșuni într-un recipient mare, puțin adânc de plastic. Acoperiți-l cu un capac sau folie și puneți-l la congelator.
d) Lăsați-l să înghețe aproximativ 3 ore sau până devine ferm.

PREGĂTIREA Umpluturii cu iaurt:

e) Ungeți o tigaie Lamington de 20 cm x 30 cm cu un pulverizator ușor de ulei vegetal. Tapetați baza și două părți lungi ale tavii cu o foaie de hârtie de copt, tăind-o pentru a se potrivi.
f) Folosind bătăi electrice, bate smântâna pură (subțire) într-un castron mare până se formează vârfuri moi.
g) Scoateți amestecul de iaurt cu căpșuni din congelator. Tăiați-o grosier și apoi procesați-o într-un robot de bucătărie până devine netedă.
h) Îndoiți amestecul de iaurt de căpșuni procesat în frișcă. Adăugați căpșunile tocate în plus pentru a crea o umplutură delicioasă.
i) Întindeți uniform amestecul de iaurt și căpșuni peste baza tigaii lamington pregătite.
j) Acoperiți tava cu folie de plastic și puneți-o înapoi la congelator. Lăsați-l să se înghețe aproximativ 4 ore sau până devine ferm.

MONTAREA VAFELOR DE IAURT CONGELAT DE CAPSUNI:

k) Întoarceți placa de iaurt congelat cu căpșuni pe o masă de tocat. Scoateți hârtia de copt și tăiați marginile pentru a crea un dreptunghi îngrijit.
l) Utilizați una dintre napolitanele de înghețată foarte groase ca ghid pentru mărime. Tăiați placa de iaurt înghețat în 12 bucăți de dimensiuni potrivite.
m) Sandwich fiecare bucată de iaurt înghețat cu căpșuni între două napolitane de înghețată foarte groase pentru a crea napolitane delicioase cu iaurt înghețat cu căpșuni.
n) Serviți imediat și bucurați-vă de napolitanele de casă cu iaurt înghețat cu căpșuni, un răsfăț încântător și răcoritor!

37.Tuiles de căpşuni

INSTRUCȚIUNI:
- 100 de grame de migdale măcinate
- 25 de grame de făină simplă
- 70 de grame de zahăr tos
- 15 grame căpșuni uscate zdrobite
- 25 grame unt, topit și răcit
- 1 albus mare de ou, batut usor

INSTRUCȚIUNI:

a) Într-un bol de amestecare, combinați migdalele măcinate, făina simplă, zahărul tos și căpșunile uscate zdrobite. Amestecați-le până se amestecă bine.
b) Adăugați la ingredientele uscate untul topit și răcit împreună cu albușul de ou spălat ușor. Amestecați până când amestecul formează un aluat neted și lipit.
c) Acoperiți aluatul și dați-l la frigider pentru 30 de minute. Acest pas de răcire ajută aluatul să se întărească și să devină mai ușor de lucrat.
d) Preîncălziți cuptorul la 160°C (325°F) sau marca de gaz 3. Ungeți trei foi de copt și lăsați-le deoparte.
e) Luați aluatul răcit și întindeți 20 de porții pe foile de copt pregătite. Fiecare porțiune trebuie aplatizată într-un cerc, de aproximativ 3 inci în diametru și aproximativ 1/16 inch grosime. Asigurați-vă că există suficient spațiu între fiecare tuila , deoarece acestea se vor răspândi în timpul coacerii.
f) Coaceți tuilele în cuptorul preîncălzit pentru aproximativ 8 minute sau până când capătă o culoare aurie frumoasă. Urmărește-le îndeaproape, deoarece pot trece rapid de la perfect aurii la exagerat.
g) Cât timp tuilele sunt încă fierbinți, folosiți cu grijă un cuțit pentru a le scoate pe fiecare din foile de copt. Imediat, apăsați ușor fiecare tuila peste un sucitor pentru a crea o formă delicată de bucle. Fiți atenți, deoarece tuilele vor fi fragile când sunt fierbinți.
h) Lăsați tuilele de căpșuni să se răcească și să se întărească în formele lor ondulate. După ce s-au răcit complet și s-au întărit, scoateți-le cu grijă din sucitor.
i) Păstrați-vă Strawberry Tuiles într-un recipient ermetic pentru a le menține crocante și aroma.

38.Lunchbox Dip cu iaurt cu capsuni

INSTRUCȚIUNI:
- 1 cană iaurt grecesc
- ½ cană piure de căpșuni
- 1 lingura miere sau sirop de artar
- ½ linguriță extract de vanilie

INSTRUCȚIUNI:

a) Într-un castron, combinați iaurtul grecesc, piureul de căpșune, mierea sau siropul de arțar și extractul de vanilie.
b) Se amestecă bine până se omogenizează și se combină bine.
c) Împachetați diep-ul sănătos de iaurt cu căpșuni într-un recipient mic împreună cu fructe proaspete sau biscuiți din cereale integrale pentru înmuiere.

39.Tempura de căpșuni

INSTRUCȚIUNI:
- 1 cană căpșuni, decojite
- 1 cană de făină universală
- ¼ cană amidon de porumb
- ¼ linguriță de praf de copt
- ¼ lingurita sare
- 1 cană apă rece ca gheața
- Ulei vegetal pentru prajit
- Zahăr pudră pentru pudrat

INSTRUCȚIUNI:

a) Într-un castron, combinați făina, amidonul de porumb, praful de copt și sarea.

b) Adăugați treptat apa rece cu gheața la ingredientele uscate, amestecând până când aluatul este omogen, cu cocoloașe.

c) Încălziți ulei vegetal într-o friteuză sau o oală mare la 180 ° C (360 ° F).

d) Înmuiați fiecare căpșună în aluat, asigurându-vă că este complet acoperită.

e) Puneți cu grijă căpșunile aluate în uleiul încins și prăjiți până se rumenesc, întorcându-le o dată pentru o gătit uniform.

f) Folosiți o lingură cu fantă pentru a îndepărta căpșunile prăjite din ulei și transferați-le pe o farfurie tapetată cu un prosop de hârtie pentru a scurge excesul de ulei.

g) Pudrați căpșunile prăjite cu zahăr pudră.

h) Servește tempura de căpșuni ca un răsfăț încântător și unic.

40. Cheesecake Nachos cu căpșuni

INSTRUCȚIUNI:
- 1 pachet chipsuri tortilla cu zahăr și scorțișoară
- 1 litru de căpșuni, tăiate cubulețe
- 8 uncii de cremă de brânză, înmuiată
- ½ cană de zahăr pudră
- 1 lingurita extract de vanilie
- Frisca

INSTRUCȚIUNI:
a) Într-un castron, amestecați crema de brânză, zahărul pudră și extractul de vanilie până la omogenizare.
b) Aranjați chipsurile tortilla pe un platou și acoperiți cu căpșuni tăiate cubulețe și cubulețe din amestecul de cremă de brânză.
c) Stropiți cu frișcă.

FORM PRINCIPAL

41. Salata De Capsuni Pepperoni Si Spanac

INSTRUCȚIUNI:
- 4 căni de spanac baby
- ½ cană pepperoni tăiat cubulețe
- 1 cană căpșuni proaspete, feliate
- ¼ cană migdale feliate
- Brânza feta se sfărâmă
- Sos de vinaigretă balsamică

INSTRUCȚIUNI:
a) Într-un castron mare, combinați spanac pentru copii, pepperoni tăiați cubulețe, căpșunile feliate, migdalele feliate și crumblele de brânză feta.
b) Stropiți cu sos de vinaigretă balsamic și amestecați ușor pentru a se combina.

42.Salata roz de petrecere

INSTRUCȚIUNI:
- 1 poate (nr. 2) ananas zdrobit
- 24 mari Bezele
- 1 pachet gelatina de capsuni
- 1 cană Frișcă
- 2 căni Caș mic de brânză de vaci
- ½ cană Nuci; tocat

INSTRUCȚIUNI:
a) Încălziți sucul de ananas cu bezele și gelatina. Misto.
b) Amesteca frisca, ananas, branza de vaci si nuci. Adăugați primul amestec și amestecați.
c) Răciți peste noapte.

43.Bol pentru sushi cu fructe cu căpșuni și mentă

INSTRUCȚIUNI:
- 1 cană de orez sushi, fiert
- 2 kiwi, feliate
- 1 cană căpșuni, feliate
- Frunze de mentă proaspătă
- 2 linguri miere
- ¼ cană migdale feliate

INSTRUCȚIUNI:
a) Puneți orezul pentru sushi gătit într-un castron.
b) Aranjați kiwi și felii de căpșuni deasupra.
c) Se ornează cu frunze de mentă proaspătă.
d) Stropiți cu miere peste vas.
e) Presărați migdale feliate pentru un plus de crocant.
f) Serviți și savurați aromele răcoritoare.

44. Căpșuni Busuioc Prosciutto Brânză la grătar

INSTRUCȚIUNI:
- 12 uncii Mozzarella proaspătă, feliată
- 8 felii de pâine albă, tăiate gros
- 2 linguri de unt moale
- 8 căpșuni proaspete (medii spre mari), feliate subțiri
- 12 frunze de busuioc proaspăt, întregi
- 8 felii de prosciutto, tăiate subțire
- 2 uncii glazură balsamică

INSTRUCȚIUNI:
a) Așezați felii de pâine și unt pe fiecare parte.
b) Pe partea neunsă, puneți un strat de mozzarella proaspătă, căpșuni, frunze de busuioc și prosciutto.
c) Stropiți cu glazură balsamică; puneți pâinea rămasă deasupra și transferați într-o tigaie antiaderentă preîncălzită.
d) Fierbeți aproximativ un minut, apăsând cu o spatulă. Întoarceți și repetați până devine maro auriu.
e) Scoateți, stropiți cu o glazură balsamic suplimentară deasupra, dacă doriți, tăiați și serviți.

45.Pâine prăjită cu căpșuni și cremă de brânză

INSTRUCȚIUNI:

- 8 felii de grosime medie de pâine albă moale, dulce, cum ar fi challah sau brioșă
- 8-12 linguri (aproximativ 8 uncii) cremă de brânză (scăzut de grăsimi este bine)
- Aproximativ ½ cană conserve de căpșuni
- 1 cană (aproximativ 10 uncii) căpșuni feliate
- 2 oua mari, batute usor
- 1 galbenus de ou
- Aproximativ ½ cană de lapte (grasime scăzută este bine)
- Un strop de extract de vanilie
- Zahăr
- 2-4 linguri de unt nesarat
- ½ linguriță suc proaspăt de lămâie
- ½ cană smântână
- Câteva crenguțe de mentă proaspătă, feliate subțiri

INSTRUCȚIUNI:

a) Întindeți 4 felii de pâine groase cu crema de brânză, îngustându-vă puțin spre părți, pentru ca crema de brânză să nu se scurgă în gătit, apoi întindeți celelalte 4 felii de pâine cu conservele.
b) Peste crema de branza se imprastie un strat usor de capsuni.
c) Acoperiți fiecare bucată de pâine tartinată cu brânză cu o bucată de pâine tartinată de conserve. Apăsați ușor, dar ferm pentru a sigila.
d) Într-un castron puțin adânc, combinați ouăle, gălbenușul de ou, laptele, extractul de vanilie și aproximativ 1 lingură de zahăr.
e) Încinge o tigaie grea antiaderență la foc mediu-înalt. Adăugați untul. Înmuiați fiecare sandviș, câte unul, în bolul cu laptele și oul. Lăsați-l la macerat un moment sau 2, apoi întoarceți-l și repetați.
f) Pune sandvișurile în tigaia încinsă cu untul topit și lasă-le să se gătească până la o culoare aurie. Întoarceți și rumeniți ușor a doua parte.
g) Între timp, combinați căpșunile rămase cu zahărul după gust și sucul de lămâie.
h) Serviți fiecare sandviș imediat ce este gata, ornat cu o lingură sau 2 căpșuni și o praf de smântână.
i) Stropiți-le și cu câteva dintre mentă.

46. Salata De Sparanghel Si Capsuni

INSTRUCȚIUNI:
- 1 buchet de sparanghel
- 2 cani de capsuni proaspete, decojite si feliate
- 4 căni de verdeață de salată mixtă
- 1/4 cană migdale feliate
- 1/4 cană brânză de capră mărunțită
- Sos de vinaigretă balsamică

INSTRUCȚIUNI:
a) Tăiați capetele dure ale sparanghelului și puneți-le la fiert în apă clocotită timp de 2 minute. Scurgeți și puneți deoparte.
b) Într-un castron mare, combinați salata verde, sparanghelul albit, căpșunile feliate, migdalele feliate și brânza de capră mărunțită.
c) Stropiți cu sos de vinaigretă balsamic și amestecați ușor pentru a se combina.
d) Serviți salata de sparanghel și căpșuni ca opțiune de salată vibrantă și aromată.

47. Salata Ravioli De Capsuni Si Spanac

INSTRUCȚIUNI:
- 1 pachet ravioli de capsuni si spanac
- 2 cani de frunze proaspete de spanac
- 1 cană căpșuni, feliate
- ¼ cană migdale feliate
- 2 linguri glazura balsamic
- 2 linguri ulei de masline extravirgin
- Sare si piper dupa gust

INSTRUCȚIUNI:
a) Gatiti ravioli cu capsuni si spanac conform instructiunilor de pe ambalaj. Se scurge si se lasa sa se raceasca.
b) Într-un castron mare, combinați ravioli gătiți, frunzele proaspete de spanac, căpșunile feliate și migdalele feliate.
c) Stropiți cu glazură balsamică și ulei de măsline extravirgin.
d) Se condimentează cu sare și piper și se amestecă ușor pentru a se combina.
e) Servește salata de ravioli de căpșuni și spanac rece.

DESERT

48.Macarons cu glazură în oglindă cu căpșuni

INSTRUCȚIUNI:
PENTRU COCHILE DE MACARON:
- 1 cană făină de migdale
- 1 cană de zahăr pudră
- 2 albusuri mari, la temperatura camerei
- ¼ cană zahăr granulat
- Zest de 1 lămâie (pentru aromă adăugată)
- Colorant alimentar în gel roz sau roșu (opțional)

PENTRU UMPLUREA DE CAPSUNI:
- ½ ceasca de capsuni proaspete, pasate in piure si strecurate
- ¼ cană zahăr granulat
- 2 linguri de unt nesarat
- ½ linguriță suc de lămâie (opțional, pentru strălucire)

PENTRU GLAMURA DE OGLINZĂ DE CAPSUNI:
- ½ cană apă
- 1 cană zahăr granulat
- ½ cană sirop ușor de porumb
- ½ cană piure de căpșuni proaspete (strecurat)
- 2 linguri gelatină pudră
- Colorant alimentar în gel roz sau roșu (opțional)

INSTRUCȚIUNI:
REALIZAREA COCHIILOR DE MACARON:
a) Tapetați două foi de copt cu hârtie de copt sau covorașe din silicon.
b) Într-un robot de bucătărie, combinați făina de migdale și zahărul pudră. Pulsați până când se combină bine și este fină ca textură. Transferați într-un bol mare de amestecare.
c) Într-un alt bol de mixare, bate albușurile spumă până devin spumoase. Adaugam treptat zaharul granulat continuand sa batem. Bateți până se formează vârfuri tari. Opțional, adăugați câteva picături de colorant alimentar în gel roz sau roșu și coaja de lămâie și amestecați până se distribuie uniform.
d) Îndoiți ușor amestecul de făină de migdale în albușul de ou folosind o spatulă. Pliați până când aluatul este omogen și formează o consistență ca o panglică. Aveți grijă să nu amestecați în exces.
e) Transferați aluatul de macaron într-o pungă prevăzută cu un vârf rotund .
f) Puneți rondele mici (aproximativ 1 inch în diametru) pe foile de copt pregătite, lăsând spațiu între fiecare. Atingeți foile de copt pe blat pentru a elibera orice bule de aer.
g) Lăsați macarons-urile cu pastă să stea la temperatura camerei timp de aproximativ 30 de minute până când se formează o coajă la suprafață. Acest pas este crucial pentru o coajă netedă.
h) În timp ce macarons se odihnesc, preîncălziți cuptorul la 300 ° F (150 ° C).
i) Coaceți macarons timp de 15 minute, rotind foile de copt la jumătate.
j) Scoateți macarons-urile din cuptor și lăsați-le să se răcească pe foile de copt câteva minute înainte de a le transfera pe un grătar pentru a se răci complet.

PREPARAREA UMPLUTURII DE CAPSUNI:
k) Într-o cratiță, combinați piureul de căpșuni proaspete și zahărul granulat. Se încălzește la foc mediu, amestecând constant până când amestecul se îngroașă, aproximativ 5-7 minute.
l) Scoateți cratița de pe foc și amestecați untul nesarat și zeama de lămâie (dacă este folosit) până când se încorporează complet.

m) Transferați umplutura de căpșuni într-un castron, acoperiți-o cu folie de plastic (atingând direct suprafața pentru a preveni formarea unei coaje) și dați la frigider până se răcește și se întărește, aproximativ 1 oră.

MONTAREA MACARONELOR:
n) Potriviți cojile de macaron în perechi de dimensiuni similare.
o) Umpleți o pungă cu umplutura de căpșuni și introduceți o cantitate mică pe o coajă de macaron din fiecare pereche.
p) Apăsați ușor a doua coajă deasupra pentru a crea un sandviș. Repetați cu macarons-urile rămase.

PREPARAREA GLAZURII DE OGLINZĂ DE CAPSUNI:
q) Într-un castron mic, combinați pudra de gelatină cu 2 linguri de apă rece. Lasă-l să înflorească câteva minute.
r) Într-o cratiță, combinați apa, zahărul granulat, siropul de porumb și piureul de căpșuni. Se aduce la fierbere la foc mediu, amestecând continuu până când zahărul s-a dizolvat.
s) Luați amestecul de pe foc și adăugați gelatina înflorită, amestecând pentru a se combina.
t) Dacă doriți, adăugați câteva picături de colorant alimentar în gel roz sau roșu pentru o culoare vibrantă de căpșuni.

GLAZAREA MACARONELOR:
u) Puneți un grătar peste o foaie de copt pentru a prinde excesul de glazură.
v) Țineți fiecare macaron de vârf și înmuiați ușor partea de jos în glazura de oglindă de căpșuni. Lăsați excesul de glazură să se scurgă.
w) Puneți macarons glazurate pe grătar să se înfiereze timp de aproximativ 30 de minute până când glazura este fermă.
x) Păstrați macarons cu glazură cu oglindă de căpșuni într-un recipient ermetic la frigider timp de până la trei zile. Bucurați-vă de aceste delicii delicioase cu căpșuni!

49.Lamington cu căpșuni

INSTRUCȚIUNI:
- 8 oua, separate
- 2 galbenusuri de ou
- 190 g zahăr tos
- 80 g făină simplă
- 40 g faina de porumb
- 40 g unt, topit si racit
- 5 ml (1 lingurita) extract de vanilie
- 100 g nucă de cocos deshidratată

GLAURA DE CAPSUNI:
- 30 g unt nesarat
- 4 linguri de cristale de jeleu de capsuni
- 300 g (2 căni) zahăr pudră, cernut

INSTRUCȚIUNI:

a) Preîncălziți cuptorul la 180°C. Ungeți și tapetați o tavă lamington de 30 x 18 cm.

b) Într-un castron, combinați 10 gălbenușuri de ou și 90 g de zahăr tos. Bateți până când amestecul devine palid, apoi transferați într-un castron mare.

c) Cerneți făina simplă și făina de porumb împreună, apoi pliați-le în amestecul de gălbenușuri.

d) Adăugați untul topit și extractul de vanilie.

e) Într-un alt castron, bate albușurile spumă cu zahărul tos rămas și extractul de vanilie până se formează vârfuri tari.

f) Îndoiți ușor jumătate din albușurile bătute spumă în amestecul de gălbenușuri, apoi adăugați albușurile rămase.

g) Întindeți aluatul uniform în tava pregătită și coaceți timp de 15 minute. Scoateți din cuptor și acoperiți cu un prosop.

h) Pentru a face glazura, puneti intr-un castron untul nesarat si cristalele de jeleu de capsuni. Se toarnă peste 250 ml de apă clocotită și se amestecă până se dizolvă untul.

i) Cerneți zahărul pudră și amestecați până la omogenizare. Lasati glazura sa se raceasca putin.

j) Tăiați buretele în 12 pătrate. Înmuiați fiecare pătrat în glazură, apoi rulați în nucă de cocos deshidratată până când este acoperit uniform.

50.Sufleu de căpșuni

INSTRUCȚIUNI:
- 18 uncii de căpșuni proaspete, curățate și făcute piure
- ⅓ cană miere crudă
- 5 albusuri bio
- 4 lingurițe de suc proaspăt de lămâie

INSTRUCȚIUNI:
a) Preîncălziți cuptorul la 350 °F.
b) Într-un castron, combinați piureul de căpșuni, 3 linguri de miere, 2 proteine și sucul de lămâie și pulsați până devine pufos și ușor.
c) Într-un alt bol, adăugați proteinele rămase și bateți până devine pufoasă.
d) Amestecați mierea rămasă .
e) Amestecați ușor proteinele în amestecul de căpșuni.
f) Transferați amestecul uniform în 6 rame și pe o tavă de copt.
g) Gatiti aproximativ 10-12 minute.
h) Scoateți din cuptor și serviți imediat.

51.Biscuiți cu căpșuni înmuiați în ciocolată

INSTRUCȚIUNI:
PENTRU COOKIES:
- 1 cană unt nesărat, înmuiat
- 1 cană zahăr granulat
- 2 ouă mari
- 1 lingurita extract de vanilie
- 3 căni de făină universală
- ½ linguriță de praf de copt
- ¼ lingurita sare
- ½ cană gem de căpșuni sau conserve

PENTRU ACCESORUL DE CIOCOLATA :
- 1 pachet CandiQuik (acoperire de bomboane cu aroma de vanilie)
- Căpșuni proaspete, spălate și uscate

INSTRUCȚIUNI:
PENTRU COOKIES:
a) Preîncălziți cuptorul la 350°F (175°C). Tapetați foile de copt cu hârtie de copt.
b) Într-un castron mare, cremă împreună untul înmuiat și zahărul până devine ușor și pufos.
c) Adaugam ouale pe rand, batand bine dupa fiecare adaugare. Se amestecă extractul de vanilie.
d) Într-un castron separat, amestecați făina, praful de copt și sarea.
e) Adăugați treptat ingredientele uscate la ingredientele umede, amestecând până se combină.
f) Puneți linguri rotunjite de aluat de prăjituri pe foile de copt pregătite, lăsând puțin spațiu între fiecare.
g) Folosește-ți degetul mare sau dosul unei linguri mici pentru a face o adâncitură în centrul fiecărui prăjitură.
h) Umpleți fiecare adâncitură cu o cantitate mică de dulceață de căpșuni sau conserve.
i) Coacem in cuptorul preincalzit 10-12 minute sau pana cand marginile fursecurilor sunt usor aurii.
j) Lăsați fursecurile să se răcească pe foile de copt timp de câteva minute înainte de a le transfera pe un grătar pentru a se răci complet.

PENTRU ACOPEREA DE CIOOCOLATĂ:
k) Topiți CandiQuik conform instrucțiunilor de pe ambalaj. De obicei, aceasta implică punerea la microunde la intervale de 30 de secunde până când se topește complet.
l) Înmuiați partea superioară a fiecărui fursec umplut cu căpșuni răcit în CandiQuik topit, acoperind dulceața de căpșuni.
m) Pune fursecurile scufundate pe o tava tapetata cu pergament pentru a permite ciocolatei sa se fixeze.
n) Dacă doriți, picurați CandiQuik topit suplimentar peste prăjiturile înmuiate pentru o notă decorativă.
o) Lăsați stratul de ciocolată să se întărească complet înainte de servire.
p) Ornați fiecare fursec cu căpșuni înmuiat în ciocolată cu o căpșună proaspătă deasupra pentru un plus de fler.

52. Panna Cotta de flori de soc cu căpşuni

INSTRUCȚIUNI:
- 500 ml crema dubla
- 450 ml lapte gras
- 10 capete mari de flori de soc, flori culese
- 1 pastaie de vanilie, semintele răzuite
- 5 frunze de gelatina
- 85 g zahăr tos auriu

PENTRU CRUMBLE
- 75 g unt, plus extra pentru uns
- 75 g faina simpla
- 50 g zahăr tos auriu
- 25 g migdale macinate

A SERVI
- 250 g căpșuni punnet , vârfurile tăiate
- 1 lingura zahar tos auriu
- câteva flori de soc culese, pentru a decora

INSTRUCȚIUNI:

a) Pune smântâna, laptele, florile, păstăia de vanilie și semințele într-o tigaie la foc blând. De îndată ce lichidul începe să fiarbă, se ia de pe foc și se lasă să se răcească complet.

b) Între timp, pentru crumble, turnați untul într-o tigaie mică și încălziți ușor până devine maro intens și miroase a nucă. Se toarnă într-un bol și se lasă să se răcească la temperatura camerei până se întărește.

c) Odată ce amestecul de smântână s-a răcit, ungeți ușor interiorul a șase forme de dariole de 150 ml. Înmuiați frunzele de gelatină în apă rece timp de 10 minute. Se strecoară amestecul de smântână răcit printr-o sită într-o tigaie curată, aruncând florile de soc și păstăia de vanilie. Puneti zaharul si amestecati pentru a se dizolva. Puneți la foc mic și aduceți din nou la fiert, apoi turnați într-o cană mare. Scoate orice exces de lichid din gelatină și amestecă în smântâna fierbinte până se topește. Continuați să amestecați până când amestecul s-a răcit și s-a îngroșat ușor, astfel încât toate semințele de vanilie să nu se scufunde pe fund. Se toarnă în forme și se da la rece pentru cel puțin 4 ore. până când se fixează.

d) Încinge cuptorul la 180C/160C ventilator/gaz 4. Freci untul rumenit în făină, apoi amestecă zahărul și migdalele. Se intinde pe o tava tapetata cu pergament de copt. Coaceți 25-30 de minute până devin aurii, amestecând de câteva ori. Se lasa la racit.

e) Taiati capsunile, apoi amestecati cu zaharul si 1 lingurita de apa. Se da deoparte la macerat 20 de minute.

f) Întoarceți panna cotta pe farfurii și acoperiți-le cu căpșuni și sucul lor. Se presară peste o parte din crumble, servind orice în plus într-un bol în lateral, apoi se decorează cu câteva flori de soc.

53.Trandafir Strawberry Lamington

INSTRUCȚIUNI:
PENTRU BURETELE LAMINGTON:
- 390 g făină simplă (universală).
- 70 g faina de porumb
- 1 lingura praf de copt
- ½ lingurita sare
- 226 g unt nesarat, inmuiat
- 2 ¼ căni de zahăr tos (superfin).
- 3 ouă mari
- 3 albusuri
- 1 lingura extract de vanilie
- ¾ cană lapte integral

PENTRU GLAZARE SI ACOPERIRE:
- ½ cană de zahăr tos (superfin).
- 1 cană apă
- 1 ½ linguriță pudră de gelatină
- 250 g căpșuni proaspete, spălate și decojite
- 1 lingurita esenta de apa de trandafiri
- 2 cesti de zahar pudra (pudra/cofetarie).
- 30 g unt nesarat, topit
- 2 căni de nucă de cocos deshidratată fin

INSTRUCȚIUNI:

PENTRU BURETELE LAMINGTON:

a) Preîncălziți cuptorul la 180C / 350F / 160C forțat și tapetați o tavă Lamington (aproximativ 22cm x 33cm) cu hârtie de copt.
b) Cerne împreună făina, făina de porumb, praful de copt și sarea, apoi amestecăm bine.
c) Bateți untul și zahărul până devine foarte ușor și pufos. Se adauga ouale intregi si se bat bine pana se incorporeaza complet. Se adauga apoi albusurile si vanilia si se bat pana cand amestecul pare batut si usor. Răzuiți ocazional părțile laterale ale vasului.
d) Adăugați jumătate din amestecul de făină și amestecați ușor cu o spatulă. Apoi adăugați laptele și amestecați. Adăugați făina rămasă și amestecați ușor până se omogenizează.
e) Întindeți aluatul uniform în tava pregătită. Coacem 35-40 de minute, invartindu-se la jumatate, pana blatul este auriu si o scobitoare introdusa iese curata. Lăsați-l să se răcească ușor, apoi întoarceți-l pe un grătar pentru a se răci complet.

PENTRU GLAZA DE TRADAFIRI SI CAPSUNI:

f) Intr-o cratita se pune zaharul si apa si se presara deasupra gelatina praf. Așteptați 5 minute, apoi încălziți la foc mic până când zahărul și gelatina se dizolvă. Puneți căpșunile într-un blender și turnați siropul deasupra. Se face piure până la un lichid.
g) Se toarnă lichidul printr-o strecurătoare într-un vas de turnare și se adaugă esența de apă de trandafiri. Cerneți zahărul pudră într-un bol curat. Se adauga untul topit si se toarna siropul de capsuni. Se bate pana se omogenizeaza apoi se lasa la frigider 15-30 de minute sa se raceasca si sa se ingroase putin.

A ASAMBLA:

h) Puneți nuca de cocos într-un castron separat. Puneți un grătar peste o tavă mare de copt.
i) Tăiați marginile de pe burete și tăiați-le în pătrate, îndepărtând și marginile aurii de pe fiecare pătrat.
j) Cu două furculițe, scufundați buretele în amestecul de căpșuni, întorcându-se pentru a acoperi fiecare parte. Lăsați excesul să picure, apoi acoperiți imediat cu nucă de cocos și puneți-l pe grătar pentru a se întări.

54. Tort cu capsuni si flori de soc

INSTRUCȚIUNI:
- 150 g zahăr granulat
- Zest de 1 lămâie
- 170 g unt nesarat
- 4 ouă
- ¼ lingurita Sare
- 1 ½ linguriță Praf de copt
- 1 ½ linguriță de bicarbonat de sodiu
- 250 ml iaurt simplu
- 150 g faina alba simpla
- 150 g Făină simplă integrală

PENTRU TOPING:
- 60 g unt moale
- 3 linguri Cordial de flori de soc
- 100 g Capsuni, tocate
- 160 g zahăr pudră

INSTRUCȚIUNI:

a) Preîncălziți cuptorul la 180°C și ungeți și căptușiți vasul de 29 cm.
b) Combinați ambele făinuri, praful de copt, bicarbonatul de sodiu și sarea. Pune ingredientele uscate deoparte.
c) Într-un castron separat, bate zahărul, untul și coaja de lămâie până se combină bine. Bateți ouăle, pe rând, apoi amestecați iaurtul. După aceea, amestecați acest amestec cu ingredientele uscate.
d) Coaceți amestecul aproximativ 40 de minute sau până devine maro auriu. Pentru a verifica dacă este gata, folosiți un tester de frigărui sau de prăjituri – ar trebui să iasă curat. După ce este gata, amestecați cordialul de flori de soc cu două linguri de apă și stropiți-l peste prăjitura caldă. Lasă-l să se răcească.
e) Pentru a face crema de unt, amestecați căpșunile și sucul de lămâie, apoi încălziți la mediu-mic, amestecând până se reduce complet. Lasă-l să se răcească; aceasta va fi „gem"-ul tău.
f) La final, bate untul înmuiat cu dulceața răcită și amestecă cu zahărul pudră până când obții o consistență netedă. Întindeți această cremă de unt peste prăjitura răcită și acoperiți-o cu căpșuni și flori de soc.
g) Savurează-ți deliciosul tort cu căpșuni și flori de soc – un răsfăț perfect de vară!

55. Skittles Prăjitură de brânză cu căpșuni

INSTRUCȚIUNI:
BAZA:
- 150 g biscuiti digestivi
- 95 g unt nesarat, topit

UMPLERE:
- 400 g cremă de brânză moale ușoară
- 40 g zahăr pudră
- 1 lingura Extract de vanilie
- 200 ml Crema dubla
- 10 Skittles Roșii, Blitzed
- 1 lingura Sos de Capsuni

TOPING:
- Căpșuni proaspete tăiate felii
- Skittles Roșii

INSTRUCȚIUNI:
a) Trimiteți biscuiții digestivi într-un blender până se transformă în firimituri și amestecați cu untul topit. Apăsați amestecul în fundul unei forme rotunde de 8 inchi cu o bază detașabilă până când este fermă. Puneți-l la frigider pentru a se răci în timp ce vă pregătiți umplutura.

b) Într-un castron mare, bateți crema de brânză, zahărul pudră și extractul de vanilie folosind o telul electric timp de 20 de secunde sau până când capătă o consistență netedă. Apoi adăugați smântâna dublă și amestecați până se îngroașă.

c) Încorporați cele 10 Skittles roșii blitz și sosul de căpșuni. Turnați umplutura de cheesecake deasupra bazei de biscuiți răcite și netezi-o cu o spatulă mică pentru a vă asigura că toate marginile sunt umplute. Lăsați-l la frigider pentru minimum 6 ore sau peste noapte.

d) (Opțional) Odată ce cheesecake-ul s-a întărit, acoperiți cu căpșuni proaspete și câteva Skittles roșii pentru decor.

56.Biscuiți cu unt și căpșuni

INSTRUCȚIUNI:
- 1 cană unt nesărat, înmuiat
- 1 cană zahăr granulat
- 1 ou mare
- 1 lingurita extract de vanilie
- 2 ½ căni de făină universală
- ½ linguriță de praf de copt
- ¼ lingurita sare
- 1 cana de capsuni proaspete tocate marunt

INSTRUCȚIUNI:
a) Preîncălziți cuptorul la 350°F (180°C).
b) Într-un castron mare, cremă împreună untul înmuiat și zahărul până devine ușor și pufos.
c) Bateți oul și extractul de vanilie până se omogenizează bine.
d) Într-un castron separat, amestecați făina, praful de copt și sarea.
e) Adăugați treptat ingredientele uscate la ingredientele umede, amestecând până se formează un aluat moale.
f) Incorporati usor capsunile tocate.
g) Puneți linguri rotunjite de aluat pe o tavă de copt tapetată cu hârtie de copt.
h) Coaceți 10-12 minute sau până când marginile sunt ușor aurii.
i) Lăsați fursecurile să se răcească pe tava de copt câteva minute înainte de a le transfera pe un grătar.

57.Tort Tres Leches Crunch cu Capsuni

INSTRUCȚIUNI:
TORT:
- 1 amestec de tort cu capsuni (copt si racit)

AMESTEC "LAPTE" DE LECHE DE CAPSUNI:
- 1 cutie de lapte evaporat de 15 uncii
- ½ - 1 cutie de lapte condensat de 12 uncii
- ½ - 1 cană lapte integral
- 1 cană căpșuni

TOPPING BITUIT:
- 2 căni de smântână rece
- ¼ - ½ cană de zahăr pudră

TOPING CRUNCH DE CAPSUNI:
- 1 - 1 ½ cani No Bake Strawberry Crunch Topping (Combinați 8 napolitane roz cu căpșuni și 6 Golden Oreo, sfărâmate împreună)

INSTRUCȚIUNI:
a) Coaceți amestecul de tort cu căpșuni conform instrucțiunilor într-o tavă de copt de 9x13. Se lasa sa se raceasca aproximativ o ora.

AMESTEC "LAPTE" DE LECHES DE CAPSUNI:
b) Într-un blender sau robot de bucătărie, amestecați căpșunile, laptele condensat, laptele evaporat și laptele integral până la omogenizare. Păstrați amestecul la rece.
c) Opțional: Rezervați aproximativ ½ cană pentru servire cu felii de tort.

TOPPING BITUIT:
d) Folosind un mixer manual sau cu stand, bateți smântâna rece și zahărul pudră până se formează vârfuri tari. Păstrați toppingul bătut la frigider.

ASAMBLA:
e) Folosește o furculiță pentru a face găuri în tortul răcit cu căpșuni.
f) Se toarnă jumătate din amestecul de „lapte" de leches de căpșuni și se așteaptă absorbția (aproximativ 5-8 minute). Se toarnă jumătatea rămasă, se acoperă cu folie de plastic și se dă la frigider pentru minim 4 ore sau peste noapte.
g) Când este gata de servire, acoperiți tortul cu topping bătut și crumble de căpșuni. Ornați cu căpșuni proaspete, dacă doriți.

58.Flan de cheesecake cu căpșuni

INSTRUCȚIUNI:
- 1 cană zahăr
- 1 ½ cană de smântână groasă
- ½ cană lapte integral
- 6 ouă mari
- ¼ lingurita sare
- 4 uncii de brânză cremă, înmuiată
- ½ cană piure de căpșuni
- ¼ cană firimituri de biscuiți Graham
- Frișcă și firimituri suplimentare de biscuiți Graham pentru servire

INSTRUCȚIUNI:
a) Preîncălziți cuptorul la 325°F.
b) Într-o cratiță medie, încălziți zahărul la foc mediu, amestecând continuu până se topește și devine maro auriu.
c) Se toarnă zahărul topit într-o formă pentru flan de 9 inci, învârtindu-se pentru a acoperi fundul și părțile laterale ale formei.
d) Într-o cratiță mică, încălziți smântâna groasă, laptele întreg și sarea la foc mediu, amestecând constant până când ajunge să fiarbă.
e) Intr-un castron separat, bate crema de branza pana se omogenizeaza.
f) Adauga piureul de capsuni si bate pana se omogenizeaza bine.
g) Adaugam ouale pe rand, batand bine dupa fiecare adaugare.
h) Se amestecă pesmeturile de biscuiți Graham până se combină bine.
i) Se strecoară amestecul printr-o sită cu ochiuri fine și se toarnă în forma pentru flan.
j) Puneți forma într-o tavă mare de copt și umpleți vasul cu suficientă apă fierbinte pentru a ajunge la jumătatea părților laterale ale formei.
k) Coaceți timp de 50-60 de minute sau până când flanul este întărit și se zgâlțâie ușor când este agitat.
l) Scoateți din cuptor și lăsați să se răcească la temperatura camerei înainte de a da la frigider pentru cel puțin 2 ore sau peste noapte.
m) Pentru a servi, treceți un cuțit pe marginile formei și răsturnați-l pe un platou de servire. Se servește cu frișcă și pesmet suplimentar de biscuiți graham.

59.Tort fără coacere cu limonada cu căpşuni

INSTRUCȚIUNI:
- 2 căni de firimituri de biscuiți Graham
- 1 cană unt topit
- 1 cană piure de căpșuni
- 1 cana frisca
- ½ cană de zahăr pudră
- Coaja a 2 lămâi
- Căpșuni proaspete pentru ornat

INSTRUCȚIUNI:
a) Într-un castron, combinați firimiturile de biscuiți Graham și untul topit. Se amestecă până când firimiturile sunt acoperite.
b) Apăsați jumătate din amestecul de pesmet în fundul unei tavi rotunde de tort sau a unei forme arcuite pentru a crea crusta.
c) Într-un castron separat, amestecați piureul de căpșuni, frișca, zahărul pudră și coaja de lămâie până se combină bine.
d) Turnați amestecul de căpșuni peste crusta din tava de tort.
e) Întindeți amestecul uniform și neteziți partea de sus.
f) Se da la frigider pentru cel putin 4 ore sau pana se fixeaza.
g) Inainte de servire se orneaza cu capsuni proaspete.

60.Tartalete cu capsuni fara coacere

INSTRUCȚIUNI:
- 1 ½ cană de firimituri de biscuiți Graham
- ⅓ cană de unt topit
- 8 uncii cremă de brânză, înmuiată
- ½ cană de zahăr pudră
- 1 lingurita extract de vanilie
- 1 cană căpșuni proaspete, feliate

INSTRUCȚIUNI:
a) Într-un castron, combinați firimiturile de biscuiți Graham și untul topit până se amestecă bine.
b) Apăsați amestecul de pesmet în fundul formelor de tartale sau al mini-cupelor de brioșe pentru a forma crusta.
c) Într-un castron separat, bate crema de brânză, zahărul pudră și extractul de vanilie până se omogenizează.
d) Turnați amestecul de cremă de brânză în crustele de tarte și neteziți blaturile.
e) Acoperiți fiecare tartă cu felii de căpșuni proaspete.
f) Dati la frigider cel putin 1 ora inainte de servire.

61. Lasagna Shortcake cu Capsuni

INSTRUCȚIUNI:
- 12 biscuiți graham
- 1 cană smântână groasă
- 8 uncii de cremă de brânză, înmuiată
- ½ cană de zahăr pudră
- 1 lingurita extract de vanilie
- 2 cesti de capsuni proaspete feliate
- Frisca si capsuni feliate suplimentare (pentru garnitura)

INSTRUCȚIUNI:
a) Puneți biscuiții Graham într-o pungă cu fermoar și zdrobiți-i în firimituri fine folosind un sucitor.
b) Într-un castron, bateți smântâna groasă până se formează vârfuri tari.
c) Într-un alt castron, bate crema de brânză, zahăr pudră și extract de vanilie până se omogenizează.
d) Îndoiți frișca în amestecul de cremă de brânză.
e) Tapetați partea de jos a unui vas de copt de 8 x 8 inci cu jumătate din firimiturile de biscuiți Graham.
f) Întindeți jumătate din amestecul de cremă de brânză peste stratul de biscuit Graham.
g) Aranjați uniform căpșunile feliate peste stratul de cremă de brânză.
h) Repetați straturile cu firimiturile de biscuiți Graham rămase, amestecul de cremă de brânză și căpșunile tăiate felii.
i) Acoperiți cu o praf de frișcă și ornați cu căpșuni tăiate felii suplimentare.
j) Dati la frigider cel putin 2 ore inainte de servire pentru a permite straturilor sa se intareasca.

62.Popsicles Cheesecake cu căpșuni

INSTRUCȚIUNI:
- 1 cană (8 oz/225 g) cremă de brânză
- 3 linguri de zahar
- ⅔ cană iaurt
- 1 lingurita extract de vanilie
- 20 de căpșuni (aproximativ)
- 1 cană firimituri de biscuiți Graham

INSTRUCȚIUNI:
a) În castron amestecați crema de brânză, iaurtul, vanilia și zahărul. Pus deoparte
b) Într-un robot de bucătărie (sau blender), se pasează căpșunile până când nu se formează cocoloașe.
c) Într-un castron mic, spargeți firimiturile de biscuiți Graham până se frânează fine
d) Îndoiți ușor amestecul de cremă de brânză, piureul de căpșuni și firimiturile de biscuiți
e) Puneți amestecul uniform în forme pentru palete. Este un amestec gros, așa că bateți-l pe blat pentru a muta amestecul în formă. Adăugați bețișoare de popsicle în centrul fiecărei cești.
f) Pune la congelator până la înghețare completă, cel puțin 4 ore.

63. Mooncake cu căpșuni și cremă

INSTRUCȚIUNI:
ALUAT DE MOONCAKE:
- 100 g zahăr pudră
- 60 g amidon de grau
- 100 g făină de orez glutinos
- 100 g faina de orez
- 460 g lapte
- 60 g lapte condensat îndulcit
- 60 g ulei vegetal

Umplutură cu cremă:
- 100 g galbenusuri (5 galbenusuri de marime medie)
- 40 g amidon de porumb
- 115 g zahăr tos
- 480 g lapte cremă integrală
- 40 g unt
- 1 lingurita pasta de boabe de vanilie
- 50 g faina de grau fiarta pentru pudrat

ASAMBLARE:
- 16-18 Căpșuni mici, tulpina îndepărtată și tăiată la dimensiune

INSTRUCȚIUNI:
PENTRU FĂINĂ GĂTITĂ DE PRAF:
a) Pune 50 g de făină de grâu într-o tigaie și amestecă la foc mic timp de 3 până la 5 minute, până se formează bulgări.
b) Transferați făina fiartă într-o tavă pentru a se răci. Păstrați eventualele resturi într-un recipient ermetic.

PENTRU UMPLUREA CRĂTĂ:
c) Se încălzește laptele și vanilia într-o cratiță. Bateți gălbenușurile și zahărul într-un castron separat. Turnați laptele cald peste gălbenușuri în timp ce amestecați. Gatiti la foc mic timp de 5-8 minute pana se ingroasa. Se răcește complet.
d) Scoateți crema răcită cu o cupă de înghețată, apăsați o căpșună tăiată în centru și eliberați-o pe o tavă. Dați la frigider până când este gata de asamblare.

PENTRU PIELE DE ZAPADA:
e) Se amestecă toate ingredientele pentru aluatul de piele de zăpadă, adăugând treptat lapte rece. Acoperiți și gătiți la abur timp de 40-50 de minute.
f) Tăiați pielea de zăpadă gelificată în bucăți și răzuiți vasul cât este fierbinte și suficient de rece pentru a fi manipulat.
g) Masați aluatul cu mâinile înmănuși pentru a încorpora uleiul. Înfășurați și răciți la frigider.

ASAMBLARE:
h) Împărțiți aluatul răcit în 16-18 bucăți. Rotiți fiecare într-o minge netedă și aplatizați între palme.
i) Ciupiți o bucată mică de aluat de piele de zăpadă suplimentară, aplatizați și apăsați în centrul aluatului turtit.
j) Puneți umplutura de cremă cu vârful spre centru, puneți aluatul în ceașcă în jurul umpluturii, presați cusăturile împreună și rulați în făină.
k) Puneți într-o formă pentru mooncake, apăsați ușor și eliberați. Repetați pentru aluatul și umpluturile rămase.

64. Ghivece de căpșuni acoperite cu ciocolată

INSTRUCȚIUNI:
PENTRU CAPSUNILE PRAJITE:
- 1 kilogram de căpșuni proaspete, decojite și tăiate la jumătate
- 2 linguri de zahar granulat
- 1 lingura otet balsamic (optional)

PENTRU VASOELE DE CREMA DE CIOCOLATA
- 8 oz ciocolată demidulce sau neagră, tocată mărunt
- 4 gălbenușuri mari
- ¼ cană zahăr granulat
- 1 lingurita extract de vanilie
- Vârf de cuțit de sare
- 1 ½ cană de smântână groasă
- ½ cană lapte integral

PENTRU GARNIREA (OPTIONAL):
- Capsuni proaspete suplimentare
- Frisca
- Așchii de ciocolată sau ciocolată rasă

INSTRUCȚIUNI:
a) Preîncălziți cuptorul la 400°F (200°C). Tapetați o foaie de copt cu hârtie de copt.
b) Într-un castron, amestecați căpșunile tăiate pe jumătate cu zahărul granulat și oțetul balsamic (dacă le folosiți) până când sunt bine acoperite. Întindeți căpșunile într-un singur strat pe foaia de copt pregătită.
c) Prăjiți căpșunile în cuptorul preîncălzit pentru aproximativ 15-20 de minute, sau până când sunt moi și eliberează sucul. Scoateți din cuptor și lăsați-le să se răcească.
d) Între timp, pregătiți vasele de ciocolată cu cremă. Pune ciocolata tocata fin intr-un bol termorezistent.
e) Într-un castron separat, amestecați gălbenușurile de ou, zahărul granulat, extractul de vanilie și un praf de sare până se combină bine.
f) Într-o cratiță, încălziți smântâna groasă și laptele întreg la foc mediu până începe să fiarbă. Se ia de pe foc chiar înainte să fiarbă.

g) Se toarnă încet amestecul de smântână fierbinte peste ciocolata tocată, amestecând continuu până când ciocolata se topește și amestecul este omogen.
h) Se toarnă treptat amestecul de ciocolată în bolul cu gălbenușurile de ou, în timp ce se amestecă încontinuu pentru a preveni închegarea ouălor.
i) Se strecoară amestecul combinat printr-o sită cu ochiuri fine într-un ulcior sau într-un ulcior de turnare pentru a îndepărta orice cocoloașe.
j) Preîncălziți cuptorul la 325°F (160°C).
k) Aranjați șase rame de 6 uncii sau căni de cremă într-o tavă de copt. Împărțiți căpșunile prăjite printre ramekins.
l) Turnați amestecul de ciocolată peste căpșuni, umplând fiecare ramekin aproape până la vârf.
m) Transferați cu grijă tava de copt cu ramekins la cuptor. Umpleți vasul de copt cu apă fierbinte până ajunge la jumătatea părților laterale ale ramekinelor, creând o baie de apă.
n) Coaceți vasele cu cremă în baia de apă timp de aproximativ 30-35 de minute sau până când marginile sunt așezate, dar centrele sunt încă puțin agitate.
o) Scoateți ramekinele din baia de apă și lăsați-le să se răcească la temperatura camerei. Apoi, acoperiți fiecare ramekin cu folie de plastic și lăsați-l la frigider pentru cel puțin 4 ore sau peste noapte pentru a se răci și a se întări.
p) Înainte de servire, puteți orna fiecare oală de cremă cu căpșuni proaspete, o praf de frișcă și așchii de ciocolată sau ciocolată rasă.
q) Bucurați-vă de ghivecele de cremă cu căpșuni prăjite, acoperite cu ciocolată, bogate și decadente, ca un desert delicios!

65. Prăjitură cu căpșuni și trandafir

INSTRUCȚIUNI:
- 2 căni de făină universală
- ¼ cană zahăr granulat
- 1 lingura praf de copt
- ½ lingurita sare
- ½ cană unt nesărat, rece și tăiat cubulețe
- ¾ cană lapte de unt
- 1 lingurita extract de vanilie
- 2 cani de capsuni feliate
- Petale de trandafiri proaspete (asigurați-vă că sunt de calitate culinară)
- Frisca, pentru servire

INSTRUCȚIUNI:
a) Preîncălziți cuptorul la 425°F (220°C).
b) Într-un castron mare, amestecați făina, zahărul, praful de copt și sarea.
c) Adăugați untul rece tăiat cubulețe la ingredientele uscate. Folosiți un tăietor de patiserie sau degetele pentru a tăia untul în amestecul de făină până seamănă cu firimituri grosiere.
d) Faceți un godeu în centrul amestecului și turnați zara și extractul de vanilie. Se amestecă până când se combină.
e) Întoarceți aluatul pe o suprafață cu făină și frământați-l ușor de câteva ori până se îmbină.
f) Tapeți aluatul într-o rotundă de 1 inch grosime și tăiați prăjiturile scurte folosind un tăietor de biscuiți.
g) Puneți prăjiturile scurte pe o foaie de copt tapetată cu hârtie de copt.
h) Coaceți timp de 12-15 minute sau până când se rumenesc.
i) Scoatem din cuptor si lasam sa se raceasca putin.
j) Taiati prajiturile scurte in jumatate pe orizontala. Umple-le cu căpșuni feliate și presară petale de trandafiri proaspete peste căpșuni. Acoperiți cu frișcă și puneți deasupra cealaltă jumătate de shortcake.
k) Serviți și bucurați-vă!

66.Rula de tort cu capsuni

INSTRUCȚIUNI:
PENTRU PASTA:
- 2 linguri / 30 g unt nesarat, inmuiat
- 2 ½ linguri / 30 g zahăr granulat
- ⅓ cană / 40 g făină de prăjitură, cernută
- 1 albus mare / 30 g ou
- Colorant alimentar

PENTRU tort:
- 3 ouă mari, separate
- 6 linguri / 75 g zahăr granulat, împărțit
- 1 lingura ulei vegetal
- 1 ½ linguriță / 23 g lapte integral
- ½ linguriță extract de migdale
- ½ lingurita sare kosher
- ⅔ cană / 67 g făină de prăjitură, cernută
- Colorant alimentar

PENTRU UMPLURE:
- 1 cană / 240 g smântână grea pentru frișcă
- ¼ de linguriță de gelatină pudră fără aromă
- ½ uncie / 14 g căpșuni liofilizate
- 3 linguri / 38 g zahăr granulat
- 1 lingura / 8 g zahar pudra

INSTRUCȚIUNI:

a) Preîncălziți cuptorul la 350 de grade F. Ungeți o tavă de jeleu de 15 pe 10 inci, tapetați cu hârtie de copt și înghețați pentru a stabili designul.

b) Pregătiți pasta de design amestecând untul, zahărul, făina și albușurile. Împărțiți în boluri, adăugați colorant alimentar și plasați desenul pe pergament. Îngheța.

c) Într-un castron, amestecați gălbenușurile de ou, zahărul, uleiul vegetal, laptele, extractul de migdale, sarea și colorantul alimentar. Încorporați făina de tort cernută.

d) Într-un castron separat, bate albușurile spumă cu zahărul până se formează vârfuri medii tari. Îndoiți în aluat.

e) Turnați aluatul peste designul congelat și coaceți timp de 10 minute.

f) Întoarceți tortul cald pe un prosop pudrat cu zahăr pudră, desprindeți pergamentul și rulați tortul. Se lasa sa se raceasca timp de o ora.

g) Pentru umplutură, dizolvați gelatina în apă, pulsați căpșuni liofilizate cu zahăr și bateți frișca cu amestecul de zahăr pudră și căpșuni.

h) Desfaceți tortul, întindeți umplutura și rulați-o înapoi. Se da la frigider pentru cel putin 2 ore.

i) Opțional, utilizați un tub de carton pentru a menține forma ruloului. Tăiați felii cu un cuțit zimțat ascuțit pentru a servi.

67.Tort Bundt Cheese Lime Strawberry Cheesecake

INSTRUCȚIUNI:
Umplutură de cheesecake:
- 8 uncii cremă de brânză
- ½ cană zahăr granulat
- 1 ou
- 1 lingurita extract de vanilie
- 2 lingurițe de făină universală

Bază de tort:
- 2 căni de făină universală
- 1 lingurita praf de copt
- ½ lingurita sare kosher
- 1 cana unt nesarat
- 1 ⅔ cană zahăr granulat
- 4 ouă
- ½ lingură extract de vanilie
- ⅔ cană lapte

Tort cu LIMĂ:
- 1 suc de lime
- 2 lime cu coaja
- Colorant alimentar verde

TORT DE CAPSUNI:
- ½ ceasca de capsuni, decojite si tocate
- Colorant alimentar roz

GLAZA DE LIM DE CAPSUNI:
- 4 uncii de brânză cremă
- ½ cană de zahăr pudră, cernut
- 3 linguri suc de lamaie
- ½ lingurita coaja de lime
- 2 căpșuni, decojite și tocate

INSTRUCȚIUNI:
Umplutură de cheesecake:
a) In vasul unui mixer electric, bate crema de branza si zaharul pana se omogenizeaza bine. Adăugați oul, vanilia și făina până se omogenizează bine. Pus deoparte.

Bază de tort:

b) Preîncălziți cuptorul la 325 de grade F și ungeți o tavă Heritage de 10 cești cu spray de gătit.
c) Într-un castron mediu, amestecați făina, praful de copt și sarea. Pus deoparte.
d) Într-un mixer cu stand, cremă untul și zahărul timp de 4-5 minute la viteză medie-mare până când devine palid și pufos.
e) Se amestecă ouăle pe rând, încorporând complet după fiecare adăugare. Adăugați vanilie.
f) Cu mixerul la viteza mica, adaugam amestecul de faina alternativ cu laptele, amestecand pana se omogenizeaza.
g) Separați aluatul în 2 boluri. Îndoiți sucul de lămâie, coaja și culoarea alimentară verde într-una, iar căpșunile proaspete și colorantul alimentar roz în cealaltă.
h) Pregătiți 2 pungi de patiserie și umpleți fiecare cu unul dintre aluat. Puneți aluatul, alternând culorile, în pliurile tavii, având grijă să nu se reverse în celelalte pliuri.
i) Odată ce pliurile sunt umplute, continuați să umpleți tava până la jumătate.
j) Se toarnă umplutura de cheesecake în centrul aluatului, fără ca acesta să atingă marginile cratiței. Puneți aluatul rămas în straturi alternative și marmorați-l dacă doriți. Întindeți aluatul uniform.
k) Coaceți 55-60 de minute, sau până când o frigărui iese curată.
l) Scoateți din cuptor și transferați tava pe un grătar de răcire timp de 10-15 minute. Slăbiți tortul lovind-o de blat pentru a o slăbi, apoi întoarceți tortul pe un grătar pentru a se răci complet.

GLAZA DE LIM DE CAPSUNI:
m) Combinați crema de brânză și zahărul pudră într-un castron mic. Folosește un mixer pentru smântână, amestecând până se combină bine.
n) Puneți sucul de lămâie, coaja și căpșunile mărunțite într-un mojar sau pe fundul unui pahar. Se amestecă în amestecul de cremă de brânză, adăugând mai mult suc de lămâie dacă este necesar pentru a dilua.
o) Se toarnă glazură pe tortul cald. Se ornează cu căpșuni tăiate felii și coajă de lime.

68. Prăjitură de șifon cu căpșuni

INSTRUCȚIUNI:

cupcakes:
- ⅞ cană făină de prăjitură
- 6 linguri de zahar granulat
- 1 lingurita praf de copt
- ⅛ linguriță sare
- 4 gălbenușuri mari
- ¼ cană ulei vegetal
- ⅓ cană apă
- ½ linguriță extract de vanilie
- 3 albusuri mari, la temperatura camerei
- 3/16 lingurita crema de tartru
- ¼ cană zahăr granulat

UMPLERE:
- 2½ cani de capsuni tocate
- 2½ linguri de zahăr granulat
- 1¼ linguri de amidon de porumb
- 1¼ lingurita apa

TOPING:
- 2 căni de smântână groasă, rece
- 1 lingurita extract de vanilie
- 2 linguri de zahar pudra

INSTRUCȚIUNI:

cupcakes:

a) Încinge cuptorul la 350°F. Tapetați formele pentru cupcake cu folii de hârtie sau pulverizați cu spray de copt. Pus deoparte.

b) Cerneți făina, 6 linguri de zahăr, praful de copt și sarea într-un castron mare. Pus deoparte.

c) Într-un castron mic, amestecați gălbenușurile de ou, uleiul, apa și vanilia. Pus deoparte.

d) Cu un mixer electric prevazut cu un accesoriu de tel, bate spuma albusurile si crema de tartru pana devine spuma. Puneți ¼ de cană de zahăr în timp ce continuați să bateți. Se bate la vârfuri rigide. Pus deoparte.

e) Turnați ingredientele umede peste ingredientele uscate și amestecați până la omogenizare.

f) Îndoiți bezeaua.

g) Folosiți o linguriță de 3 linguri pentru a porți aluatul în formele pregătite.

h) Coaceți timp de 18-20 de minute până când devine maro deschis. Se da deoparte la racit.

UMPLERE:

i) Combinați toate ingredientele într-o cratiță medie.

j) Gatiti si amestecati la foc mediu-mic pana cand zaharul se dizolva si amestecul este gros, aproximativ 2-3 minute.

k) Se da deoparte la racit.

CREMA CHANTILLY:

l) Combinați toate ingredientele într-un bol mediu.

m) Bateți cu un mixer electric prevăzut cu un accesoriu de tel până la vârfuri medii-rigide.

ASAMBLARE:

n) Cupcakes cu miez.

o) Umpleți fiecare cupcake cu 1 lingură de umplutură.

p) Înlocuiți blaturile cupcakes.

q) Deasupra se tape sau se intinde crema Chantilly.

69. Parfaituri de cheesecake cu șifon și căpșuni

INSTRUCȚIUNI:
PENTRU Umplutura:
- 1 ¼ linguriță gelatină fără aromă (jumătate de pachet)
- ⅔ cană suc de ananas
- 8 uncii de brânză cremă fără grăsimi, înmuiată la temperatura camerei SAU iaurt strecurat timp de 24 de ore
- 42 de grame de căpșuni liofilizate (aproximativ 1 cană), măcinate într-o pulbere
- 4 linguri de zahăr granulat
- 2 ouă mari, separate
- ¼ linguriță de sare Kosher

PENTRU CRASTĂ:
- 20 biscuiți Graham (5 foi), procesați în firimituri
- 1 lingura de zahar brun
- 1 lingura de unt, topit
- 2 vârfuri de sare Kosher

INSTRUCȚIUNI:
PENTRU CRASTĂ DE CRACKER GRAHAM:
a) Combinați firimiturile de biscuiți Graham, zahărul și untul topit.
b) Se amestecă bine pentru a se combina și se păstrează într-un recipient ermetic.

PENTRU Umplutura:
c) Procesați căpșunile liofilizate într-un robot de bucătărie sau blender până devine o pudră fină. Pus deoparte.
d) Bateți crema de brânză moale într-un castron prevăzut cu un mixer cu palete. Adăugați pudra de căpșuni și bateți la viteză mare până devine cremoasă și netedă.
e) Într-o cratiță mică, combinați gelatina și sucul de ananas. Lăsați deoparte să înflorească aproximativ 5 minute.
f) Într-un castron separat, bate albușurile spumă până se formează vârfuri tari. Pus deoparte.
g) La foc mic, amestecați amestecul de gelatină până se dizolvă complet. Se ia de pe foc.
h) Într-un alt castron, amestecați gălbenușurile de ou și zahărul până când gălbenușurile devin galben pal.

i) Pentru a tempera gălbenușul de ou, adăugați treptat cantități mici din amestecul de gelatină caldă în timp ce amestecați pentru a preveni amestecarea.
j) Amestecați amestecul de gălbenușuri de ou călit în cratiță cu amestecul de gelatină rămas. Gatiti la foc mediu-mic, amestecand continuu, pana cand amestecul se ingroasa usor (aproximativ 3-5 minute).
k) La viteză mică, adăugați treptat aproximativ ⅓ din amestecul de gelatină la amestecul de cremă de brânză. Repetați până se încorporează toată gelatina. Scoateți vasul din mixer.
l) Incorporati usor albusurile tari pana se incorporeaza complet.

PENTRU A ASSAMLA PARFAȚII:
m) Pune aproximativ ½ cană de umplutură de șifon în fiecare ceașcă de servire.
n) Repetați procesul pentru parfaiturile rămase.
o) Dă la frigider până se întărește, aproximativ 1 până la 1 oră și jumătate.
p) Înainte de servire, presară deasupra 1 lingură de crustă Graham Cracker și ornează cu căpșuni proaspete tăiate cubulețe.
q) Bucurați-vă de aceste delicioase Cheesecake Parfaits cu șifon cu căpșuni, un răsfăț perfect pentru a întâmpina primăvara!

70.Capsuni Si Crema Éclairs

INSTRUCȚIUNI:
PENTRU ÉCLAIRS:
- 80 de grame (⅓ cană) apă
- 80 de grame (⅓ cană) lapte integral
- 72 grame (5 linguri) unt nesarat
- 3 grame (¾ de linguriță) zahăr superfin
- 2½ grame (½ linguriță) sare
- 90 de grame (¾ de cană) făină de pâine albă
- 155 grame (5 ½ uncii) ouă bătute (3 ouă medii)

PENTRU UMPLURE:
- 300 de mililitri (1 ¼ cană) smântână groasă
- 1 lingura zahar superfin
- 1 lingurita de vanilie
- Zahăr pudră, până la praf
- 8 până la 10 căpșuni, feliate

INSTRUCȚIUNI:
PENTRU ÉCLAIRS:
a) Într-o cratiță la foc mediu, combinați apa, laptele, untul, zahărul superfin și sarea. Aduceți amestecul la fierbere ușor (aproximativ 1 minut).
b) După ce dă în clocot, se adaugă făina și se amestecă constant până se formează o minge lucioasă de aluat (aproximativ 2 minute).
c) Transferați aluatul într-un bol mare și lăsați-l să se răcească timp de 2 minute.
d) Adăugați încet un sfert din amestecul de ouă bătute, amestecând cu o lingură de lemn până se omogenizează.
e) Continuați să adăugați oul încet până când aluatul ajunge la stadiul de picătură (cade de pe lingură în 3 secunde). Aveți grijă să nu faceți amestecul prea curgător.
f) Transferați aluatul într-o pungă prevăzută cu o duză franțuzească cu vârf stea. Puneți zece linii de aluat de 5 inci pe o foaie de copt tapetată cu un covor de silicon sau hârtie de copt. Congelați timp de 20 de minute.
g) Preîncălziți cuptorul la 205 grade C/400 grade F.
h) Chiar înainte de a adăuga eclerele, adăugați 2 linguri de apă în fundul cuptorului pentru a crea abur. Puneți imediat eclerele în

cuptor, coborâți temperatura la 160 de grade C/320 de grade F și coaceți până când devin aurii (30 până la 35 de minute). Se lasa sa se raceasca.

PENTRU Umplutura:
i) Se amestecă smântâna, zahărul superfin și vanilia până se formează vârfuri foarte moi.
j) Transferați amestecul într-o pungă prevăzută cu o duză cu vârf stea franțuzesc sau alt vârf decorativ.

ASAMBLARE:
k) Tăiați cojile de ecler răcite în jumătate pe lungime pentru a crea cojile de sus și de jos.
l) Pudrați ușor cojile de deasupra cu zahăr pudră.
m) Pe cojile de jos, așezați căpșunile feliate, apoi puneți smântâna frișcă într-o mișcare învolburată deasupra.
n) Puneți cojile de sus pe cremă, apoi puneți mai multă frișcă în cuburi mici pe blaturi și decorați cu mai multe căpșuni proaspete.

71.Galete de trandafir cu rubarbă și fistic cu căpșuni

INSTRUCȚIUNI:
CRUSTĂ DE PLACINTĂ CU FISTIC
- 1 cana unt rece, nesarat (2 batoane)
- 2 ½ căni de făină universală
- 2 linguri de zahar granulat
- 2 lingurite sare
- ¼ cană de vodcă rece ca gheață
- 2-4 linguri de apa rece ca gheata
- ½ cana fistic tocat marunt (nesarat)

TRANDAFIRI DE RUBARBA
- 3 tulpini de rubarbă
- 1 ½ cană de zahăr
- 1 ½ cană apă
- 3-5 picături extract de trandafir

Umplutură cu căpșuni
- 1 galanta de capsuni proaspete (tacate felii)
- 1 coaja si suc de lamaie
- ½ cană zahăr
- 1 lingura amidon de tapioca

SPĂLARE OUĂ
- 1 ou
- 2-3 linguri de zahăr spumant (sau zahăr brut)
- Modul Cook Împiedică ecranul să se întunece

INSTRUCȚIUNI:
CRUSTĂ DE PLACINTĂ CU FISTIC
a) Într-un robot de bucătărie, amestecați fisticul cu aproximativ 1 lingură de făină până când sunt tăiați mărunt. Transferați într-un bol și lăsați deoparte.
b) Tăiați untul în cuburi de ¼"- ½" și puneți-l înapoi la frigider sau congelator pentru a se întări pentru câteva minute.
c) Puneți făina, zahărul și sarea într-un castron cu părțile înalte și amestecați împreună.
d) Dacă aveți un robot de bucătărie, îl puteți folosi pentru a amesteca aluatul de plăcintă.
e) Puneți amestecul de făină și untul tăiat cuburi într-un robot de bucătărie. Pulsați ușor până când făina se schimbă din mătăsos în

făinoasă; acest lucru ar trebui să ia doar o mână de impulsuri, așa că urmăriți-l cu atenție.
f) În timp ce pulsați, turnați ușor votca prin tubul de alimentare până când se combină. În acest moment, îmi place să transform aluatul sfărâmicios într-un castron mare pentru a verifica nivelul de hidratare al aluatului, adunând un pumn mic; dacă ține împreună, este gata. Dacă este uscat sau sfărâmicios, adăugați încet apa rămasă, câte 1 lingură. Testați aluatul ciupindu-l din când în când.
g) Odată ce aluatul începe să se lipească, adăugați fisticul tocat până se încorporează complet.
h) Formați aluatul în patru discuri pentru galette mai mici de 6" sau două discuri pentru galette mai mari de 10" și înfășurați-le individual în plastic.
i) Se da la rece cel putin 1 ora inainte de a rula si forma.

TRANDAFIRI DE RUBARBA
j) Cu un cuțit mic, tăiați cu grijă tulpinile de rubarbă, pe lungime, în panglici subțiri și lungi de aproximativ ⅛ inch grosime.
k) Adăugați apă și zahăr într-o oală cu fund larg și aduceți la fiert peste cap mediu-jos. Se amestecă până când zahărul este complet dizolvat. Apoi amestecați câteva picături de extract de trandafir.
l) Adăugați benzile de rubarbă în loturi și fierbeți la foc mediu-mic timp de aproximativ 45 de secunde până când încep să devină moi și flexibile, dar înainte să devină gumoase. Transferați pe o tavă de copt tapetată cu prosoape de hârtie.
m) Odată ce panglicile s-au răcit, puteți începe să modelați trandafirii. Începeți prin a ține un capăt între degetul mare și arătător, apoi înfășurați strâns în jurul degetului până când începe să se formeze o formă de trandafir. Când mai aveți aproximativ ½" de panglică, treceți-o ușor prin centru pentru a menține trandafirul în formă. Așezați trandafirii înapoi pe foaia de copt căptușită. Repetați cu toate panglicile.

Umplutură cu căpșuni
n) Tăiați căpșunile rondele de ¼" -½" și puneți-le într-un bol de mixare.

o) Se adaugă coaja și sucul unei lămâi, se stropește cu zahăr și se amestecă. Se amestecă amidonul de tapioca și se lasă să stea timp de 15 minute.

FORMAREA GALETTELOR

p) Rulați discurile mai mici de aluat în rondele de 8" sau discurile mai mari în rondele de 12"-14" grosime de aproximativ ⅛" - ¼".
q) Răspândiți ușor căpșunile uniform peste centrul rotundelor de patiserie, lăsând un chenar de 2" pentru galette mici sau un chenar de 3" pentru galette mai mari , de jur împrejur.
r) Ridicați cu atenție și îndoiți marginea în sus și peste umplutură, permițând aluatului să se plieze în mod natural la intervale de 2" pe măsură ce pliați. Ar trebui să se plieze de aproximativ 8 ori pe măsură ce vă deplasați.
s) Acoperiți amestecul de căpșuni expus cu un buchet de trandafiri de rubarbă.
t) Așezați galettele pe foi de copt căptușite, două galette mici /foaie sau o galette /foaie mare.
u) Preîncălziți cuptorul la 375° și răciți galettele timp de 10-15 minute în timp ce cuptorul se preîncălzește.
v) Bateți ouăle într-un castron mic. Ungeți ușor amestecul peste aluat și stropiți cu zahăr spumant.
w) Coaceți timp de 35-40 de minute, rotind tigăile la jumătate. Crusta trebuie să fie de un maro auriu intens, iar fructele trebuie să fie moi.
x) Se lasa sa se raceasca inainte de servire. Stropiți cu câteva fistic întregi pentru a adăuga culoare și crocant. Tăiați felii pentru a servi.
y) Faceți un cort mic din folie de tablă pentru fiecare galette și acoperiți pentru centrul fructat (lăsând marginea aluatului expus) în primele 25 de minute. Scoateți corturile pentru ultimele 10 minute de coacere.

72. Posset de căpșuni de mentă

INSTRUCȚIUNI:
- 1 cană de căpșuni proaspete
- 4 linguri de zahăr granulat
- 1 lingurita de menta tocata marunt
- 3 linguri de Guinness Stout
- 200 g smantana dubla

INSTRUCȚIUNI:

a) Tăiați-vă căpșunile și amestecați-le cu menta până când sunt complet piure. Pune asta deoparte.
b) Intr-o cratita adauga smantana ta dubla.
c) La smântâna dublă, adăugați zahărul granulat și trei linguri de Guinness.
d) Lăsați-l să fiarbă aproximativ 4 minute, apoi adăugați căpșunile făcute în piure.
e) Adăugați mentă pentru a face aroma mult mai profilată și delicioasă. Se mai lasa sa fiarba inca 2 minute apoi se ia de pe foc.
f) Pune-l într-un pahar și lasă-l să se solidifice în congelator timp de aproximativ 2 ore sau până când se fixează.
g) Odată setat, se ornează cu mai multe căpșuni proaspete și câteva frunze de mentă proaspătă pentru a lega totul și a servi.

73. Biscuiți cu amestec de prăjitură cu căpșuni umpluți cu cheesecake

INSTRUCȚIUNI:
UMPLERE:
- 6 uncii cremă de brânză, înmuiată
- ½ cană de zahăr pudră
- ½ linguriță extract de vanilie

cookie-uri:
- 1 pachet (15 uncii) de amestec de prăjitură cu căpșuni
- ¼ de cană de făină universală, strânsă și nivelată (35 g)
- ½ cană unt sărat, topit (1 baton)
- 2 ouă mari
- ½ cană de zahăr pudră (pentru rulare)

INSTRUCȚIUNI:
PREGĂTIȚI Umplutura de cheesecake:
a) Într-un castron mediu, folosiți un mixer de mână pentru a amesteca crema de brânză, zahărul pudră și vanilia la foc mediu-mic până se combină.
b) Puneți 2-3 lingurițe de amestecul de cremă de brânză pe o foaie de copt sau o farfurie tapetată cu hârtie de copt. Congelați timp de 15 minute.
c) Preîncălziți cuptorul la 350°F.
d) Tapetați două foi de copt cu hârtie de copt.

PREGĂTIȚI ALUATUL DE PRĂȘURI:
e) Într-un castron mare, amestecați amestecul de prăjitură cu căpșuni, făina, ouăle și untul topit pe mediu-mic, până când se combină.
f) Dați aluatul la rece timp de 5-10 minute pentru a fi mai ușor de lucrat.

ASSAMLAȚI ȘI FORMAȚI COOKIE:
g) Folosiți o lingură de biscuiți de 2 linguri pentru a porți aluatul.
h) Faceți un crater în centrul fiecărei bile de aluat și puneți în centru o movilă de umplutură de brânză înghețată.
i) Aduceți aluatul în jurul umpluturii și rulați-l pentru scurt timp în mână pentru a-l sigila, asigurându-vă că umplutura nu se scurge în timpul coacerii.
j) Rulați fiecare bilă de aluat în zahăr pudră pentru a se îmbrăca cu generozitate.

COACE:
k) Aranjați bilele de aluat acoperite la 2" una de cealaltă pe foile de copt pregătite pentru a permite fursecurilor să se răspândească.
l) Coaceți timp de 9-11 minute, sau până când prăjiturile par trosnite și uscate deasupra și abia încep să se rumenească pe partea de jos.
m) Se răcește pe tava de copt timp de 5 minute, apoi se transferă pe un grătar de răcire.
n) Dacă nu serviți toate prăjiturile în aceeași zi, păstrați-le într-o pungă mare de plastic la frigider, stoarcend tot aerul înainte de a le sigilați.

74. Godiva Strawberry Torte

INSTRUCȚIUNI:
- 2 plicuri de gelatina fara aroma
- ½ cană apă rece
- 3 galbenusuri de ou
- ½ cană zahăr
- ¼ lingurita sare
- ½ cană lapte, opărit
- 1 lingurita extract de vanilie
- 10 uncii de căpșuni, congelate, neindulcite, făcute piure
- 2 cani de lichior Godiva (divizat)
- 1 cană smântână groasă
- 1 pandișpan de 9 inci
- 1 litru de căpșuni proaspete, decojite
- Frisca (pentru garnitura)

INSTRUCȚIUNI:
a) Începeți prin a înmuia gelatina în apă rece și apoi lăsați-o deoparte.
b) La băutură fierbeți gălbenușurile, zahărul, sarea și laptele opărit până când amestecul se îngroașă ușor. Amestecați constant în timpul acestui proces.
c) Luați amestecul de pe foc, adăugați gelatina înmuiată și amestecați până când gelatina se dizolvă complet.
d) Adăugați extract de vanilie, piure de căpșuni și 1½ cană de lichior Godiva la amestec. Dă-l la rece până se îngroașă ușor și se poate monta pe o lingură.
e) Bateți smântâna groasă până când formează vârfuri tari, apoi amestecați-o ușor în amestecul de căpșuni. Pune acest amestec deoparte.
f) Pentru a asambla tortul, puneți pandișpanul într-o tavă unsă cu arc de 9 inci. Stropiți-l cu ½ cană de lichior Godiva.
g) Acoperiți tortul cu căpșuni întregi, decojite în jos.
h) Acoperiți căpșunile cu amestecul de mousse de căpșuni.
i) Dă tortul la frigider câteva ore înainte de servire.
j) Ornați torta cu căpșuni Godiva cu frișcă și căpșuni proaspete.
k) Bucurați-vă de delicioasa tortă cu căpșuni Godiva!

75.Mini Plăcinte De Căpșuni Cu Cremă De Lavandă

INSTRUCȚIUNI:
PENTRU CREMA DE LAMAIE-LAVANDA:
- 16 uncii iaurt simplu fără grăsimi
- 3 până la 4 linguri de zahăr (ajustați după gust)
- 2 lingurite coaja de lamaie
- Câteva picături de extract de portocale sau apă de flori
- 1 lingurita de lavanda uscata

PENTRU PLACINTELE DE CAPSUNI:
- 16 ambalaje wonton (3 inci fiecare)
- Spray de gătit cu aromă de unt
- 16 căpșuni mari coapte (aproximativ 2 căni)
- 2 linguri jeleu de coacaze rosii, topite cu 1 lingura de apa
- 2 linguri fistic tocate

INSTRUCȚIUNI:
PENTRU CREMA DE LAMAIE-LAVANDA:
a) Scurgeți iaurtul timp de 6 ore pentru a crea „brânză" de iaurt. Transferați brânza cu iaurt într-un bol mare de amestecare.
b) Se amestecă zahărul (începeți cu 3 linguri și ajustați după gust), coaja de lămâie, extractul de portocale sau apa de flori și lavandă uscată. Se amestecă până se combină bine. Pus deoparte.

PENTRU PLACINTELE DE CAPSUNI:
c) Preîncălziți cuptorul la 400 de grade F (200 ° C).
d) Pulverizați forme mici (2 inchi) canelate cu spray de gătit. Tapetați formele cu învelișuri wonton, asigurându-vă că acoperă formele complet.
e) Pulverizați interiorul cojilor de patiserie cu spray de gătit și coaceți-le în cuptorul preîncălzit până devin crocante și aurii, aproximativ 6 până la 8 minute. Scoateți din forme și răciți pe un grătar.
f) Pregătiți căpșunile tăind mai multe felii paralele (între o distanță de aproximativ ⅛ inch) în fiecare boabă, începând de la capătul ascuțit și feliând la jumătatea fructelor de pădure. Întindeți ușor fiecare căpșună cu degetele. Puteți face acest pas în avans.
g) Pentru a servi, puneți 2 linguri de cremă de lămâie și lavandă în fiecare coajă de tartă.
h) Acoperiți fiecare tartă cu o căpșună în evantai și ungeți căpșunile cu jeleul de coacăze roșii topit.
i) Presărați fistic tocate deasupra fiecărei tarte.
j) Serviți imediat plăcintele de căpșuni cu cremă de lămâie și lavandă și bucurați-vă!
k) Aceste mini-plăcinte încântătoare sunt un deliciu dulce și acidulat, cu o notă de lavandă florală și lămâie citrice.

76.Bavarois glazurat în oglindă cu căpșuni

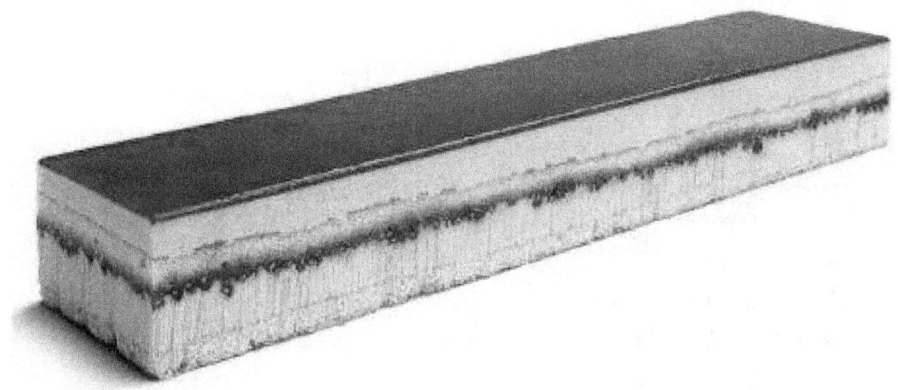

INSTRUCȚIUNI:
PENTRU FONDANT DE MIGDALE:
- 80 g zahăr tos
- 2 oua
- 80 g pudră de migdale
- 50 g unt topit
- Un strop de rom

PENTRU BAVAREZUL DE ZMEURA:
- 300 g zmeura
- 6 g foaie de gelatină
- 200 ml smântână integrală foarte rece
- 80 g zahăr tos
- 1 lingura de zahar pudra

PENTRU OGLIGLIA DE CAPSUNI:
- 130 g căpșuni
- 90 g zahăr tos
- 3½ g frunze de gelatină

ECHIPAMENTE:
- Cerc de desert cu diametrul de 20 până la 22 cm (4½ cm înălțime)
- Castron de amestecare
- Tigaie

INSTRUCȚIUNI:
Fondant de migdale:
a) Într-un bol de amestecare sau într-un robot de bucătărie, combinați ouăle întregi și zahărul.
b) Adăugați în amestec praf de migdale, unt topit și o strop de rom.
c) Turnați acest amestec într-un cerc de desert și coaceți la 180°C (termostat 6) timp de 20 de minute.
d) Lăsați fondantul să se răcească în formă, apoi scoateți-l ușor din formă folosind un cuțit.
e) Pune fondantul de migdale pe un vas de servire si repozitioneaza cercul de desert in jurul lui, micsorand putin diametrul pentru a preveni scurgerea cremei bavareze.

ZMEURA BAVAREZĂ:
f) Dezghețați zmeura și amestecați-le. Treceți piureul printr-o strecurătoare pentru a îndepărta semințele.
g) Înmuiați gelatina în apă rece.
h) Se încălzește piureul de zmeură într-o cratiță cu zahăr. Se adauga gelatina bine scursa si se amesteca pana se topeste. Lasă-l să se răcească.
i) Bateți toată smântâna până se formează vârfuri tari. Adăugați zahărul pudră și amestecați din nou.
j) Îndoiți ușor piureul de zmeură răcit în frișcă, folosind o spatulă.
k) Întindeți acest amestec peste fondantul de migdale din cercul de desert.
l) Se da la frigider pentru cel putin 2 ore.

Oglinda cu capsuni:
m) După 2 ore, pregătiți oglinda de căpșuni. Înmoaie gelatina în apă rece.
n) Se amestecă căpșunile și se strecoară amestecul printr-o sită.
o) Într-o cratiță, combinați coulis de căpșuni și zahărul și încălziți ușor.
p) Se ia de pe foc si se adauga gelatina scursa, amestecand pana se dizolva complet. Lasă-l să se răcească.
q) Întindeți uniform oglinda de căpșuni peste bavaroisul de zmeură .
r) Dați la frigider cel puțin 2 ore sau peste noapte pentru cele mai bune rezultate.

77.Capsuni Fistic Mille-Feuillantines

INSTRUCȚIUNI:

napolitane
- ½ cană fistic natural decojit
- ¼ cană făină universală
- ½ cană zahăr granulat
- ¼ lingurita Sare
- 2 albusuri mari
- 5 linguri de unt nesarat, topit
- ¼ lingurita de vanilie

FRISCA
- 1 boabe de vanilie, tăiată pe lungime
- 1 cană smântână groasă răcită
- 3 linguri zahăr granulat

A SERVI
- 1 kg Căpșuni mici
- Zahăr de cofetar pentru pudrat
- 4 capsuni mici si fistic tocat

INSTRUCȚIUNI:
FACEȚI napolitane:

a) Preîncălziți cuptorul la 325 ° F. și pulverizați o foaie de copt grea sau antiaderentă cu spray de gătit sau tapetați-o cu hârtie de copt.
b) Îndepărtați pielea de fistic și pisați nucile cu zahăr granulat într-un robot de bucătărie.
c) Într-un castron, amestecați amestecul de fistic, făina și sarea și amestecați albusurile, untul și vanilia până se omogenizează bine.
d) Puneți lingurițe rotunjite de aluat la 5 inci una de cealaltă pe o foaie de copt și cu dosul unei linguri răspândite în rondele de 3½ până la 4 inci.
e) Coaceți napolitanele în mijlocul cuptorului Lucrând rapid, transferați napolitanele fierbinți cu o spatulă subțire de metal pe un grătar pentru a se răci complet.
f) Faceți mai multe napolitane cu aluatul rămas în același mod, pulverizând sau recăptând foaia pentru fiecare lot.

FACEȚI smântână

g) Într-un castron răcit, răzuiți semințele de boabe de vanilie și adăugați smântână și zahăr granulat.
h) Cu un tel sau cu un mixer electric, amestecul se bate până când prinde vârfuri tari.

A ASAMBLA

i) Pune o napolitana in centrul fiecaruia dintre cele 4 farfurii.
j) Întindeți aproximativ 2 linguri de frișcă pe fiecare napolitană, lăsând un chenar de ¼ de inch și acoperiți cu jumătate din căpșuni.
k) Puneți o altă napolitană deasupra căpșunilor și acoperiți în același mod cu smântâna și căpșunile rămase.
l) Pudrați 4 napolitane cu zahăr de cofetă și puneți-le deasupra deserturilor.
m) Se ornează fiecare mille-feuillantine cu o căpșună și se presară farfurii cu fistic.

78.Fleac de căpșuni băutură

INSTRUCȚIUNI:
- 1 cana lapte integral rece
- 1 cană smântână
- Pachet de 3,4 uncii de amestec instant de budincă de vanilie
- 1 lingurita coaja rasa de portocala
- 2 cesti de frisca grea pentru frisca
- 8 căni de prăjitură cu mâncare de îngeri
- 4 cesti de capsuni proaspete feliate
- ½ cană Grand Marnier, plus 2 linguri

INSTRUCȚIUNI:
a) Înmuiați tortul Angel Food cuburi peste noapte în ½ cană de Grand Marnier, la congelator.
b) Pentru început, bateți smântâna proaspătă pentru frișcă și lăsați-o deoparte. Într-un castron mare, bate laptele, smântâna, 2 linguri de lichior, amestecul de budincă și coaja de portocală la viteză mică până se îngroașă. Încorporați în frișcă.
c) Pentru a vă aranja bolul: adăugați ⅓ din tort pe fund. Adăugați căpșuni pe părțile laterale și deasupra. Apoi, adăugați amestecul de budincă deasupra. Repeta.
d) Dati la frigider 2 ore inainte de servire. Păstrați la frigider între porții.

79.Căpșuni Rubarbă Cobbler

INSTRUCȚIUNI:
- 3 căni de căpșuni, tăiate în sferturi
- 2 căni de rubarbă, tăiată în blocuri de 1 inch
- 2 linguri amidon de porumb
- 1-2 linguri de zahar brun
- 1 lingurita extract de vanilie
- 1 suc de lime și coaja
- 1 aluat de cizmar

INSTRUCȚIUNI:
a) Într-un castron, adăugați toate ingredientele (cu excepția aluatului) și amestecați ușor pentru a acoperi fructele în mod egal cu amidon de porumb și distribuiți uniform zahărul.
b) Puneți într-o tigaie din fontă unsă cu ulei sau într-o altă tavă de copt cu căldură mare.
c) Întindeți uniform aluatul de cizmar peste partea de sus și coaceți în cuptorul cu lemne.
d) Coacem la 350 de grade timp de 35-40 de minute, sau pana cand sucurile de fructe dau in clocot si crusta de cizmar este aurie.

80. Crisp cu Rubarbă și Căpșuni

INSTRUCŢIUNI:
- ¾ cană zahăr
- 3 linguri amidon de porumb
- 3 căni de rubarbă proaspătă feliată sau de rubarbă congelată, dezgheţată
- 2 cani de mere feliate decojite sau feliate
- căpşune
- 1 cană de ovăz de gătit rapid sau de modă veche
- ½ cană zahăr brun la pachet
- ½ cană unt, topit
- ⅓ cană făină universală
- 1 lingurita scortisoara macinata
- Inghetata de vanilie, optional

INSTRUCŢIUNI:

a) Într-un castron mare, combina zahărul şi amidonul de porumb. Adăugaţi rubarba şi merele sau căpşunile; arunca pentru a acoperi. Cu lingura într-un 8-in. tigaie din fontă sau altă tigaie rezistentă la cuptor.

b) Într-un castron mic, combinaţi ovăzul, zahărul brun, untul, făina şi scorţişoara până când amestecul seamănă cu firimituri grosiere. Se presara peste fructe.

c) Coaceţi la 350° până când devin crocante şi clocotite, iar fructele sunt fragede, aproximativ 45 de minute. Dacă doriţi, serviţi cald cu îngheţată.

81.Pizza de desert cu capsuni Biscoff

INSTRUCȚIUNI:
PENTRU ALUATUL DE PIZZA:
- 1 ½ cană de făină universală
- 2 linguri de zahar granulat
- ½ lingurita sare
- 1 lingurita drojdie uscata activa
- ⅔ cană apă caldă
- 2 linguri ulei de masline

PENTRU TOPING:
- ½ cană tartinată de Biscoff (sau tartina de Speculoos)
- 1 cană căpșuni feliate
- 2 linguri de zahar pudra, pentru pudrat
- Banane feliate, fructe de padure (optional)

INSTRUCȚIUNI:
a) Într-un castron mare, amestecați făina, zahărul, sarea și drojdia. Adaugati apa calduta si uleiul de masline. Se amestecă până când aluatul se îmbină.
b) Transferați aluatul pe o suprafață ușor înfăinată și frământați-l aproximativ 5 minute, până devine neted și elastic.
c) Modelați aluatul într-o bilă.
d) Puneți bila de aluat înapoi în bolul de amestecare și acoperiți-o cu un prosop curat de bucătărie. Se lasa la crescut la loc caldut aproximativ 1 ora, sau pana isi dubleaza volumul.
e) Preîncălziți cuptorul la 425°F (220°C). Tapetați o foaie de copt cu hârtie de copt.
f) Odată ce aluatul a crescut, transferați-l în foaia de copt pregătită. Folosește-ți mâinile pentru a întinde și modela aluatul într-o formă rotundă sau dreptunghiulară de pizza.
g) Întindeți uniform Biscoff-ul întins peste aluatul de pizza, lăsând un mic chenar pe margini.
h) Aranjați căpșunile feliate deasupra tartinei Biscoff.
i) Pune pizza în cuptorul preîncălzit și coace aproximativ 12-15 minute, sau până când crusta devine maro aurie.
j) Scoateți pizza de desert din cuptor și lăsați-o să se răcească puțin.
k) Pudrați blatul cu zahăr pudră.
l) Acoperiți cu banane și fructe de pădure, dacă doriți.
m) Tăiați pizza de desert Strawberry Biscoff în felii sau pătrate și serviți-o caldă sau la temperatura camerei.

82.Macaron cu căpșuni

INSTRUCȚIUNI:
COJI DE MACARON DE CAPSUNI
- 100 de grame albușuri
- 100 de grame de zahăr granulat alb
- 105 grame făină de migdale
- 100 grame zahar pudra
- 5 grame pudră de căpșuni liofilizată
- O picătură de colorant alimentar fucsia

CREMA DE UT DE CAPSUNI
- 4 linguri de unt nesarat, inmuiat (56 grame)
- 1 1/2 cană de zahăr de cofetă, cernut (187,5 grame)
- 1/3 cană pudră de căpșuni liofilizat (aproximativ 30 de grame)
- 2 până la 4 linguri lapte sau apă, după cum este necesar

A DECORA
- 56 de grame de ciocolată albă
- 5 grame pudră de căpșuni liofilizate

INSTRUCȚIUNI:
COJI DE MACARON DE CAPSUNI

a) Pregătiți o pungă mare, prevăzută cu un vârf rotund mare (aproximativ 1/4 inch diametru). Pune-o deoparte.

b) Tapetați două foi de copt cu hârtie de copt sau covorașe de silicon.

c) Cerne împreună zahărul pudră, făina de migdale și praful de căpșuni liofilizat. Pus deoparte.

d) Într-un castron termorezistent, așezat peste o tigaie cu apă abia fiartă (configurare cu două boiler), combina zahărul și albușurile. Bateți amestecul până când zahărul este complet topit și amestecul este spumos. Acest lucru ar trebui să dureze câteva minute.

e) Transferați amestecul de zahăr și albușuri în bolul unui mixer și bateți la viteză mică timp de aproximativ 30 de secunde, apoi creșteți treptat viteza la medie. Bateți 1-2 minute până când amestecul devine alb și pufos. Continuați să bateți la viteză mare sau medie-mare până când se formează vârfuri tari.

f) Adăugați zahărul pudră cernut, făina de migdale și praful de căpșuni liofilizat la bezea tare. De asemenea, adăugați o picătură de colorant alimentar fucsia dacă doriți.
g) Îndoiți ușor ingredientele uscate în bezea pentru a forma un aluat lucios și fluid. Aveți grijă să nu amestecați în exces.
h) Transferați aluatul în punga pregătită.
i) Puneți aluatul pe foile de copt în cercuri, folosind șabloane de macaron dacă sunt disponibile. Bateți de câteva ori tăvile pe blat pentru a elimina bulele de aer și lăsați cojile să stea aproximativ 20-40 de minute până formează o suprafață uscată.
j) Preîncălziți cuptorul la 325ºF (165ºC).
k) Coaceți câte o tavă cu coji de macaron, timp de aproximativ 15 până la 20 de minute, până când capătă o culoare și picioare mai adânci. Evitați să mutați cojile până când sunt complet coapte și nu vă simțiți agitați.
l) Scoateți cojile din cuptor și lăsați-le să se răcească complet înainte de a continua cu umplerea.

CREMA DE UT DE CAPSUNI
m) În vasul unui mixer electric, cremă untul înmuiat la viteză medie timp de aproximativ 1 minut.
n) Opriți mixerul și adăugați tot zahărul pudră cernut și praful de căpșuni liofilizat.
o) Bateți ingredientele împreună la viteză mică până se încorporează, apoi creșteți viteza la medie și crem 1-2 minute până când crema de unt devine pufoasă.
p) Dacă crema de unt pare uscată sau tare, adăugați 2 linguri de lapte sau apă și amestecați până ajunge la o consistență netedă și cremoasă. Ajustați cu mai mult zahăr pudră dacă este necesar.

A DECORA
q) Topiți ciocolata albă în cuptorul cu microunde și puneți-o într-o pungă. Tăiați capătul pungii cu foarfecele.
r) Stropiți ciocolata albă topită peste jumătate din cojile de macaron și presărați deasupra căpșuni liofilizate pudră pentru decor.
s) Puneți o cantitate mică de cremă de unt de căpșuni pe coaja de jos a fiecărui macaron și apoi puneți-o în sandwich cu o coajă decorată deasupra.

83.Sorbet cu șampanie cu căpșuni

INSTRUCȚIUNI:
- 4 cesti de capsuni proaspete, spalate si decojite
- 1 ½ cană de șampanie sau prosecco
- ⅓ cană zahăr granulat

INSTRUCȚIUNI:
a) Adăugați toate ingredientele într-un blender și amestecați până la omogenizare.
b) Transferați amestecul într-un aparat de înghețată și amestecați conform instrucțiunilor producătorului .
c) Mănâncă imediat sau transferă într-un recipient rezistent la congelator pentru a se răci până la fermitate.

84. Ferrero Rocher Strawberry Charlotte

INSTRUCȚIUNI:
- 24 de biscuiți
- 1 cană smântână groasă
- ¼ cană zahăr pudră
- 1 lingurita extract de vanilie
- 8 uncii de cremă de brânză, înmuiată
- ½ cană ciocolată tartinată cu alune (cum ar fi Nutella)
- 1 cană de căpșuni tăiate cubulețe
- 12 ciocolate Ferrero Rocher, tocate
- Așchii de ciocolată, pentru ornat
- Căpșuni proaspete, pentru ornat

INSTRUCȚIUNI:

a) arcuite de 9 inci cu biscuiți de ladyfinger, așezându-i vertical și unul lângă altul. Lăsați partea netedă îndreptată spre exterior.
b) Într-un castron, bateți smântâna groasă, zahărul pudră și extractul de vanilie până se formează vârfuri moi. Pus deoparte.
c) Într-un alt castron, bateți crema de brânză până devine omogenă și cremoasă.
d) Adaugati crema de branza tartinata cu alune de ciocolata si bateti pana se omogenizeaza bine.
e) Îndoiți ușor frișca în amestecul de brânză până se încorporează complet.
f) Incorporati capsunile taiate cubulete si ciocolata Ferrero Rocher tocata in amestec.
g) Turnați amestecul în tava cu arc pregătită, răspândindu-l uniform.
h) Pune Charlotte-ul la frigider și lasă-l să se răcească timp de cel puțin 4 ore, sau până când se fixează.
i) Odată așezat, îndepărtați părțile laterale ale tăvii cu arc.
j) Ornați partea de sus a Charlottei cu așchii de ciocolată și căpșuni proaspete.
k) Tăiați și serviți Charlotte de căpșuni și ciocolată Ferrero Rocher și bucurați-vă de combinația încântătoare de umplutură cremoasă, căpșuni și aromele bogate ale ciocolatei Ferrero Rocher!

85.Float cu Hibiscus Strawberry Margarita

INSTRUCȚIUNI:
SIROP DE CAPSUNI HIBISCUS
- 2 căni de apă
- ¾ cană zahăr
- 1 lb de căpșuni feliate
- 1 oz flori de hibiscus uscate sau greutate egală în pliculețe de ceai de hibiscus

FLOAT DE ÎNGHETATA MARGARITA
- 1 doză de sirop de căpșuni Hibiscus
- 1 ½ shot-uri de Silver Tequila
- 1 - 2 linguri de șerbet de lămâie sărat
- Sifon de lamaie lamaie deasupra

INSTRUCȚIUNI:
SIROP DE CAPSUNI HIBISCUS
a) Fierbe apă, zahăr și hibiscus. Dupa ce a dat in clocot, mai fierbeti inca 15 minute pentru a se ingrosa. Scurgere.
b) Aduceți din nou lichidul de hibiscus la fiert și adăugați feliile de căpșuni. Se fierbe la foc mic timp de 5 - 10 minute până când căpșunile se înmoaie și siropul s-a îngroșat. Se lasa sa se raceasca complet. Scurgeți lichidul printr-o sită fină și apăsați ușor pe căpșuni pentru a scoate tot lichidul.
c) Transferați-l într-o sticlă. Se lasa la frigider peste noapte.

FLOAT DE ÎNGHETATA MARGARITA
d) Turnați siropul de căpșuni Hibiscus și Tequila într-un pahar înalt de înghețată.
e) Adăugați o lingură de șerbet de lime.
f) Acoperiți cu sifon de lămâie-lime și un strop de sare.
g) Opțional - curățați puțină lămâie deasupra plutitorului.
h) Serviți imediat. Amesteca inainte de a bea!

CONDIMENTE

86.Gem de căpșuni

INSTRUCȚIUNI:
- 1 kilogram de căpșuni proaspete, decojite și tăiate la jumătate
- 1 ½ cană de zahăr granulat
- 2 linguri suc proaspăt de lămâie

INSTRUCȚIUNI:
a) Într-o oală mare, combinați căpșunile și zahărul. Lasa-le sa stea aproximativ o ora sa macereze.
b) Gătiți amestecul de căpșuni la foc mediu, amestecând des, până când ajunge la 220 ° F (105 ° C) pe un termometru pentru bomboane, aproximativ 20-25 de minute.
c) Se ia de pe foc si se amesteca cu zeama de lamaie.
d) Transferați dulceața în borcane sterilizate și sigilați.

87. Dulceata de lavanda de capsuni

INSTRUCȚIUNI:

- 1 kilogram de căpșuni
- 1 kilogram de zahăr
- 24 de tulpini de lavandă (împărțite)
- 2 lămâi, suc de

INSTRUCȚIUNI:

a) Începeți prin spălarea, uscarea și decorticarea căpșunilor.
b) Într-un castron mare, stratificați căpșunile cu zahărul și 12 tulpini de lavandă. Puneți acest amestec într-un loc răcoros peste noapte pentru a permite aromelor să se topească.
c) A doua zi, scoateți și aruncați tulpinile de lavandă folosite pentru infuzarea peste noapte. Puneți amestecul de fructe de pădure într-o cratiță mare, fără aluminiu.
d) Leagă împreună cele 12 tulpini de lavandă rămase și adaugă-le la fructe de pădure împreună cu sucul de lămâie.
e) Gătiți amestecul la foc mediu până când ajunge la fierbere, apoi continuați să gătiți timp de 20 până la 25 de minute, amestecând din când în când. Asigurați-vă că îndepărtați orice spumă care se formează deasupra.
f) Odată ce dulceața s-a îngroșat și a atins consistența dorită, îndepărtați și aruncați tulpinile de lavandă.
g) Turnați cu grijă dulceața de lavandă de căpșuni în borcane sterilizate și sigilați-le.

88. Glazură de căpșuni

INSTRUCȚIUNI:
- 1 cană căpșuni proaspete, decojite și tocate
- 1 cană de zahăr pudră
- 1 lingura suc de lamaie

INSTRUCȚIUNI:
a) Intr-un blender sau robot de bucatarie, pasa capsunile pana se omogenizeaza.
b) Într-un castron mediu , amestecați zahărul pudră și sucul de lămâie.
c) Adăugați piureul de căpșuni în amestecul de zahăr pudră și amestecați până se omogenizează bine.
d) Turnați glazura peste desert și lăsați-o să se întărească înainte de servire.

89. de rubarbă, trandafir și căpșuni

INSTRUCȚIUNI:
- 2 kilograme de rubarbă
- 1 kilogram de căpșuni
- ½ kilogram de petale de trandafir foarte parfumate
- 1½ kilograme de zahăr
- Au fost puse deoparte 4 lămâi suculente, inclusiv semințe

INSTRUCȚIUNI:
a) Se taie rubarba și se adaugă într-un castron căpșunile întregi decojite și zahărul. Se toarnă zeama de lămâie, se acoperă și se lasă peste noapte.
b) Turnați conținutul vasului într-o tigaie nereactivă. Adăugați semințele de lămâie legate într-o pungă de muselină și aduceți ușor la fiert. Se fierbe 2 minute, apoi se toarnă conținutul cratiței înapoi în bol. Acoperiți și lăsați la loc răcoros peste noapte încă o dată.
c) Puneți amestecul de rubarbă și căpșuni înapoi în tigaie.
d) Scoateți vârfurile albe de pe bazele petalelor de trandafir și adăugați petalele în tigaie, împingându-le bine în jos printre fructe.
e) Se aduce la fierbere și se fierbe rapid până se atinge punctul de priză, apoi se toarnă în borcane calde sterilizate.
f) Sigilați și procesați.

BĂUTURI

90.Skittles Strawberry Milkshake

INSTRUCȚIUNI:
MILKSHAKE:
- 4 cani de inghetata de vanilie
- 12 Skittles cu căpșuni Freeze Pops, congelate
- 1 ½ cană de căpșuni, tăiate în jumătate și sferturi

SERVIRE:
- ¼ cană Skittles cu căpșuni
- 9 uncii scoarță de migdale de ciocolată albă, topită
- 1 cana Frisca
- 1 cană căpșuni

INSTRUCȚIUNI:

a) Într-un castron mic până la mediu, topește 9 uncii de coajă de migdale de ciocolată albă în cuptorul cu microunde, amestecând la intervale de 15-30 de secunde până când se omogenizează. Lăsați-l să se răcească până la o consistență de unt de arahide ușor topit.
b) Înmuiați marginea paharului de milkshake în ciocolata albă răcită, asigurând o scufundare uniformă. Înclinați paharul la un unghi de 45 de grade și rotiți încet pentru a permite ciocolatei să curgă pe margine fără să picure. Puneți Skittles cu căpșuni în jurul marginii și puneți la frigider pentru a se întări.
c) Tăiați și sferturi 1 ½ cană de căpșuni proaspete, punându-le deoparte.
d) Zdrobiți 12 căpșuni congelate de căpșuni congelate într-un castron de mărime medie. Folosiți numai pop-uri congelate pentru a evita excesul de lichid în milkshake.
e) Într-un blender, combinați 2 căni de înghețată de vanilie de casă și pop-urile congelate Skittles zdrobite. Se amestecă până când milkshake-ul capătă o culoare roz uniformă. Evitați amestecarea excesivă pentru a menține grosimea.
f) Adăugați căpșunile tăiate și tăiate în sferturi în blender, amestecând până când obțineți consistența dorită de milkshake.
g) Turnați milkshake-ul în paharul pregătit cu o margine Skittles acoperită cu ciocolată.
h) Acoperiți milkshake-ul cu frișcă proaspătă și o căpșună pentru o prezentare perfectă.
i) Introduceți un pai și „gustă curcubeul!"

91.Spritzer Rosé Açaí cu căpșuni

INSTRUCȚIUNI:
- 1 cană căpșuni
- ½ Lămâie, suc
- 8 oz Rosé
- Băutură energizantă de 6 oz
- Pentru garnitură: căpșuni, felii de lămâie, frunze de mentă

INSTRUCȚIUNI:
a) Într-un blender, pasează căpșunile și sucul de lămâie până se omogenizează.
b) Pentru fiecare pulverizator, adăugați 3 linguri de piure de căpșuni și rosé într-un pahar.
c) Adăugați cuburi de gheață și acoperiți cu băutura energetică. Se amestecă din nou.
d) Decorați cu căpșuni, felii de lămâie și mentă proaspătă... și bucurați-vă!

92.Lassi de căpșuni

INSTRUCȚIUNI:
- ¼ cană lapte cu conținut scăzut de grăsimi
- 1 cană iaurt simplu cu conținut scăzut de grăsimi
- 2 linguri zahăr alb sau îndulcitor
- 3 cuburi de gheață
- 9 căpșuni (clatite și decojite)

INSTRUCȚIUNI:
a) Tăiați 3 căpșuni în bucăți mici și lăsați deoparte
b) Puneți îndulcitorul și restul căpșunilor într-un blender și procesați aproximativ 30 de secunde
c) Puneti laptele si mixati inca 30 de secunde
d) Puneti iaurtul si mixati inca un minut
e) Pune câte un cub de gheață în fiecare dintre cele trei pahare înalte
f) Turnați amestecul amestecat peste cubul de gheață și puneți deasupra bucăți de căpșuni
g) Serviți instantaneu.

93. de căpșuni și marshmallow

INSTRUCȚIUNI:
- 8 bezele albe
- 4 zmeura
- 1L inghetata de capsuni
- ½ cană de lichior de smântână, rece
- ⅓ cană de vodcă, rece
- 125g zmeura, in plus
- 1 lingurita pasta de boabe de vanilie

INSTRUCȚIUNI:
a) Preîncălziți grătarul la mediu. Tapetați o tavă de copt cu folie. Așezați marshmallows și zmeură pe frigărui mici de bambus. Acoperiți capetele expuse ale frigăruilor cu folie. Se aseaza pe tava tapetata.
b) Gatiti sub gratar 1-2 minute sau pana cand bezele sunt usor prajite.
c) Puneți înghețata, lichiorul, votca, zmeura suplimentară și vanilia într-un blender și amestecați până devine omogen și cremos. Se toarnă uniform printre pahare de servire.
d) Acoperiți cu frigaruile de marshmallow și serviți imediat.

94.Smoothie cu capsuni, banane, alune

INSTRUCȚIUNI:
- 6-7 căpșuni
- ½ banană
- 1 cană lapte
- 1 ½ cani de inghetata de ciocolata
- 9-10 alune
- 1 baton de ciocolata
- 1 brownie

INSTRUCȚIUNI:
a) Într-un blender, combinați laptele, căpșunile, bananele și înghețata de ciocolată. Amestecați până obțineți un amestec omogen.
b) Turnați smoothie-ul într-un pahar, iar pentru o notă suplimentară, împodobiți-l cu ciocolată. Adaugă un brownie și un baton de ciocolată pentru a-l face și mai delicios.
c) Serviți smoothie-ul rece și savurați bunătatea!

95.Spritzer cu limonadă de căpșuni

INSTRUCȚIUNI:
- 1 cană căpșuni proaspete, decojite și feliate
- ½ cană suc proaspăt de lămâie
- ¼ cană zahăr granulat
- 2 căni de apă spumante
- Cuburi de gheata
- Frunze de mentă proaspătă pentru decor

INSTRUCȚIUNI:
a) Într-un blender, combinați căpșunile, sucul de lămâie și zahărul. Se amestecă până la omogenizare.
b) Strecurați amestecul printr-o sită cu plasă fină pentru a îndepărta eventualele semințe.
c) Umpleți pahare cu cuburi de gheață și turnați amestecul de căpșuni-lămâie peste gheață.
d) Acoperiți fiecare pahar cu apă minerală și amestecați ușor.
e) Se ornează cu frunze de mentă proaspătă și se servește.

96. Smoothie cu capsuni si fistic

INSTRUCȚIUNI:
- 3 căni de căpșuni congelate
- 1 cană de fistic decojit, prăjit
- 1 cană lapte de migdale vanilat neîndulcit
- 1 ½ linguriță sirop de arțar pur
- 1 cană apă

INSTRUCȚIUNI:

a) Puneți fisticul într-un castron și acoperiți-le complet cu apă. Înmuiați timp de cel puțin 3 ore sau peste noapte, dacă este posibil.
b) Scurgeți apa și clătiți bine fisticul. Pune-le într-un blender.
c) Puneți ingredientele rămase în blender până când sunt omogene și cremoase. Serviți și bucurați-vă!

97.Lapte de căpșuni Dalgona

INSTRUCȚIUNI:
- 2 linguri pudră de căpșuni liofilizată
- 2 linguri de zahar
- 2 linguri apa fierbinte
- lapte (orice tip)

INSTRUCȚIUNI:
a) Într-un castron, amestecați praful de căpșuni liofilizat, zahărul și apa fierbinte până devine groasă și spumoasă.
b) Umple un pahar cu lapte.
c) Peste lapte se pune amestecul de Dalgona bătut .
d) Amestecă înainte de a savura.

98.Mimoza cu capsuni spumante

INSTRUCȚIUNI:
- 2 uncii suc de portocale
- 2 uncii de căpșuni
- ½ uncie sirop de căpșuni 4 uncii șampanie

INSTRUCȚIUNI:
a) Amestecați sucul de portocale, căpșunile și siropul de căpșuni într-un blender până la omogenizare.
b) Se toarnă într-un pahar de cocktail.
c) Top cu șampanie.
d) Se ornează cu o căpșună și o felie de portocală.

99.Mic dejun Berry Banana Milkshake

INSTRUCȚIUNI:
- 2 banane coapte, tăiate în bucăți de 1 inch
- ¼ cană afine
- 5 până la 10 căpșuni întregi, tăiate în sferturi și decojite
- ½ cană lapte

INSTRUCȚIUNI:
a) Combinați fructele într-o pungă de congelare de plastic; sigilați și congelați timp de 3 ore peste noapte.
b) Puneți fructele congelate într-un blender sau robot de bucătărie. Dacă fructele sunt dure ca piatra, lăsați-le să se dezghețe puțin.
c) Adauga laptele si proceseaza pana se omogenizeaza si gros.
d) Se toarnă în căni și se servește cu linguri.

100.Smoothie cu mentă și căpșuni

INSTRUCȚIUNI:
- 1 banană
- 1 cană căpșuni congelate
- ¼ cană frunze de mentă proaspătă
- ½ cană lapte de migdale vanilat neîndulcit
- ½ cană iaurt grecesc
- 1 lingura miere

INSTRUCȚIUNI:
a) Într-un blender, combinați banana, căpșunile congelate, frunzele de mentă, laptele de migdale, iaurtul grecesc și mierea.
b) Se amestecă până la omogenizare.
c) Se toarnă într-un pahar și se servește imediat.
d) Bucurați-vă!

CONCLUZIE

Pe măsură ce ne încheiem călătoria prin „Căpșuni: 100 de rețete încercate și adevărate", sperăm că ați fost inspirat să explorați lumea minunată a căpșunilor și să descoperiți noi modalități de a vă bucura de acest fruct iubit în gătit. Fie că vă răsfățați cu deserturi clasice de căpșuni, că experimentați mâncăruri savuroase din căpșuni sau că păstrați recolta de vară pentru a o savura mai târziu, posibilitățile delicioase nu lipsesc atunci când vine vorba de gătit cu căpșuni.

Pe măsură ce continuați să explorați lumea dulce și suculentă a căpșunilor, fie ca fiecare rețetă pe care o încercați să vă aducă mai aproape de a experimenta aromele vibrante și texturile încântătoare pe care le are de oferit acest fruct iubit. Fie că gătești pentru tine, familia ta sau prietenii tăi, adăugarea de căpșuni poate aduce bucurie și satisfacție meselor tale și creează amintiri prețuite în jurul mesei.

Vă mulțumim că v-ați alăturat nouă în această călătorie aromată prin lumea căpșunilor. Bucătăria ta să fie plină de aroma căpșunilor dulci, masa ta cu deliciile preparatelor delicioase și inima ta de bucuria de a găti și de a împărți mâncarea bună. Până ne revedem, gătit fericit și poftă bună!

www.ingramcontent.com/pod-product-compliance
Lightning Source LLC
Chambersburg PA
CBHW071314110526
44591CB00010B/882